M. MOUGNOT

Monographie de Montenoison

HISTOIRE

LOCALE ET RÉGIONALE

Imprimerie H. Pontaut
Cosne (Nièvre)

Monographie de Montenoison

Origine du nom

Montenoison, en latin, *Mons Noxius* signifie selon quelques étymologistes *mont nuisible*. Cette montagne, disent-ils, l'une des plus élevées du Nivernais, était dominée par un château-fort de difficile accès qui rendait ses possesseurs orgueilleux, méchants et querelleurs.

C'est aussi l'opinion de Gillet qui, dans son annuaire de 1808 dit: « Montenoison est composé de *Mons* (mont) et de *Noison,* mot qui dérive du celtique *Nœsein* ou *Nœzus,* en latin *Noxius* et en français noise (chercher querelle, être nuisible. »

D'autres auteurs affirment que Montenoison tire son nom de Noison, village situé au nord et au pied de la montagne. C'est aussi l'avis de Coquille qui, sans donner aucune signification au nom, s'exprime ainsi: « *Montenoison est dit comme mont de Noyson.* »

Jean Textor, dans son livre les Epithètes des

Gaules, dit qu'à l'époque romaine Montenoison s'appelait *Montis noxium* parce que son sommet servait de refuge aux envoyés (*nuntii*) des Romains.

Enfin, d'après Morella, Barat et Bussières, l'appellation latine serait *Mons Onisius*, formée sans doute du nom de quelque capitaine romain ayant commandé le castrum qui aurait couronné la montagne, ou du nom de quelque seigneur dont l'histoire n'a pas gardé le souvenir, comme, toujours d'après eux Montsabot, en latin *Mons Abbonis* est le mont d'Abbon.

La moins prétentieuse de ces diverses significations accordées à Montenoison est peut-être aussi la plus exacte.

Situation

Montenoison est situé dans la petite contrée que Guy Coquille nommait Vaux de Montenoison. Elle tire son nom de la haute montagne qui en occupe le centre. De ce sommet, la vue embrasse, non seulement les localités des alentours parmi lesquelles le coquet village d'Arthel avec ses châteaux et ses jolies maisons bourgeoises perdues dans des flots de verdure, mais encore un vaste panorama de terres labourées, de gras pâturages animés de vallons et de montagnes avec çà et là de nombreux ruisseaux et étangs. Ici, au nord sous le Donziais, les bois sombres et les monts de la Puisaye surmontés de quelques moulins à vent, semblables à d'énormes géants agitant leurs gigantesques bras; Saint-Pierre du Mont, illustré par « mon oncle Benjamin », avec ses pâturages grimpant à son sommet; le cours sinueux du Beuvron que l'on peut suivre jusqu'à Clamecy; à l'est, la noire bordure des forêts et monts granitiques du Morvan jusqu'au Beuvray, exposant aux regards des touristes émerveillés quantité de villes, bourgs et villages parmi lesquels Montsabot, Lormes, Cervon, Ouroux, la Chapelle du Banquet, Château-Chinon, etc. sont les plus importants, avec, au-dessous et plus près de nous les verts tapis du Bazois; enfin, au sud et à l'ouest, la chaîne des collines qui suivent le cours de la Loire et qui ne semblent se désunir, çà et là que pour permettre au regard de voir plus loin encore et d'atteindre aux sombres dômes de l'Auvergne de découvrir des bourgs. Dès que l'on ne peut situer exactement, et plus près de nous la colline de Sancerre surmontée de la ville de ce nom. Hâtons-nous de dire que ce faible tableau est bien au-dessous de la réalité. « La Butte de Montenoison vaut bien le Beuvray. »

A cheval sur la ligne de partage des eaux entre la Loire et la Seine, la commune de Montenoison fait partie du canton de Prémery et de l'arrondissement de Cosne. Située à onze kilomètres de son chef-lieu de canton, elle est à soixante kilomètres au sud de Cosne et à quarante au nord-est de Nevers par Prémery et Guérigny.

Bornes

Les communes d'Arthel, Champlin, Champallement, Moussy, Oulon et de Giry la circonscrivent.

Dimensions

Comparée aux autres communes du canton, sous le rapport de l'étendue comme sous celui de la population, Montenoison occupe le sixième rang. Elle présente la forme d'un quadrilatère irrégulier mesurant 5730 mètres du nord au sud, et 6160 mètres de l'est à l'ouest.

Hameaux

Montenoison, Noison, les Maures, Marsiges, Sassignée, Aubigny, Le Petit Bourg, le Puits de la Bienne, Bétré, Le Casson, Fenins, Bourgareau et le Champ Pâlot sont les hameaux de cette commune.

Lieux détruits: Bussiliacum (Gallia) 1097
Vernacum — —
Moncellis (castrum et capella) — —
Mellerano (allodium de) — —
(Je ne puis situer aucun de ces endroits).
Bourdiseau remplacé par le village actuel des Maures.

Géologie

Le sol est de formation liasique. On trouve beaucoup de gryphées et de bélemnites dans la partie occupée par les prairies, tandis que, exception faite pour un coin peu étendu du village de Noison, où le calcaire oolithique domine, les sommets et les plateaux sont riches en fossiles.

Relief du sol

Montagnes. Montenoison étant, comme nous l'avons déjà dit, à cheval sur la ligne de partage des eaux, a son territoire très accidenté. La montagne surmontée du terre « le Cavalier » en est le point culminant avec ses 417 mètres. Puis vient ensuite la Forêt, à l'ouest, qui n'est séparée de la montagne que par un col très resserré. La Forêt ne dépasse pas la faible altitude de 403 m.; elle est la partie la plus élevée d'un vaste plateau boisé qui forme comme un immense entonnoir, dont la Forêt, le Bois Joly, Giljault, Landreux et le haut de

Landreux ou Bois du Haut en sont le bord, tandis que les terrains cultivés des Vallées Joly, des Grandes et Petites Vallées en forment l'intérieur.

Hydrographie

Le territoire de Montenoison appartient aux versants de la Loire et de la Seine. Aucun ruisseau important ne le traverse, mais il donne naissance à quelques faibles ruisselets qui, en temps de sécheresse, disparaissent à quelques mètres de leurs sources ou des lavoirs qu'ils alimentent.

L'un deux, le ruisseau de Fontaineville, alimente, dès sa source, le lavoir du même nom, puis recueille les eaux du village de Noison qu'il conduit dans l'Arthel, sous-affluent de l'Yonne, après avoir reçu à droite le ruisseau de Champlin, grossi des eaux du Petit Bourg. du Bourgareau, de Marsiges, de Sassignée. Les eaux des Maures tombent directement dans l'Arthel.

Autrefois, le ruisselet de Fontaineville formait à quelques mètres de sa source, un étang, dont il ne reste que la digue et l'empellement. Il faisait mouvoir un moulin à foulon, disparu depuis longtemps. Cet étang ne figure pas sur carte de Cassini, cela permet de supposer qu'il est détruit depuis plusieurs siècles, toutefois; n'oublions pas que les cartes de Cassini ne sont pas d'une rigoureuse exactitude. Ce minuscule étang avait un hectare environ de superficie, et, malgré sa faible étendue, il fournissait à Charles de Bourgogne, comte de Nevers et seigneur de Montenoison.

Grosses carpes, barbues et tanches
Grand luz et perches blanches

qu'il appréciait, si l'on s'en rapporte à la ballade qu'il écrivait à Jehan Régnier, bailli d'Auxerre en 1463 (voir plus loin).

Une très faible partie des eaux du bourg de Montenoison, celles de la partie orientale de la ferme de Bétré prennent la direction du sud et forment avec celles d'Aubigny, des Chaumes et du bois de Borne le pauvre ruisseau de Fontenasse qui se jette sur le territoire de Lurcy-le-Bourg dans la Grenotte, sous-affluent de la Nièvre d'Arzembouy.

Le reste des eaux du bourg de Montenoison joints à celle du Puits de la Bienne, du Casson et de Fenins, se déverse dans l'étang d'Oulon pour s'écouler quand il y a lieu dans la Nièvre d'Arzembouy en amont du village de Gipy.

Autrefois, les eaux de cette partie de la commune de Montenoison, formaient, un peu en aval de la ferme de Fenins, un étang mentionné par Cassini. Des débris de sa chaussée sont encore visibles.

Mares. Les habitants suppléent au manque d'eau par des mares communales d'une superficie totale de 530 mètres carré et par des mares particulières dans les cours des habitations ou dans les prés, chaque pré en possède au moins une.

Puits. L'eau potable est fournie par de nombreux puits particuliers comme aussi par un certain nombre de puits publics, les uns et les autres toujours onéreux à construire vu leur grande profondeur. On trouve onze de ces derniers ainsi répartis : 1 à Montenoison, 5 à Noison, 2 aux Maures, 1 au Petit Bourg, 1 à Aubigny, 1 au Puits de la Bienne.

Une certaine quantité d'eau potable est aussi fournie par les sources qui alimentent les lavoirs publics.

Lavoirs. La commune en possède un certain nombre. Noison a le lavoir non couvert de la Fontaine des Bouchetards et les lavoirs couverts de Fontaineville et des Crots. Ce dernier, construit en 1905, fut l'objet d'une dépense de 2.400 francs.

Climat

Montenoison est, en raison de son altitude plus élevée que celle des localités voisines exposée à tous les vents qui lui arrivent sans rencontrer d'obstacle. La bise y est glaciale.

La neige demeure plus longtemps sur la partie sud que sur la partie nord; sur cette dernière, la floraison des arbres fruitiers a lieu quelques jours plus tôt que sur l'autre. Cela tient à la nature argilo calcaire du sous-sol qui récèle plus d'humidité et en conséquence moins froide. L'air est pur, aussi les maladies épidémiques y sont elles inconnues.

Les gelées sont fréquentes et assez fortes. Les orages, assez nombreux, causent rarement de graves dommages. Cependant les ouragans accompagnés de grêle des 23 juillet 1851 et 30 mai 1867 ont été particulièrement désastreux, surtout le premier.

La force du vent était telle que d'énormes chênes de la Forêt furent arrachés et que de nombreuses maisons furent très éprouvées dans les villages. Le presbytère et l'église furent endommagés, la voûte de celle-ci mise en piteux état menaçait la vie des fidèles. La réparation de ces deux immeubles fut l'objet d'une dépense totale de 9.721 fr. 86, répartie ainsi: 6.590 fr. 10 pour l'église et 3.131 fr. 76 pour la cure.

En résumé, le climat de Montenoison est froid, sec et salubre.

CHAPITRE II

GÉOGRAPHIE HUMAINE

Origine de la population — Age de pierre Age de bronze Invasion des Romains, des Germains

Nous venons d'étudier le sol, mais ce sol, si privilégié qu'il ait été par la nature, n'aurait aucune valeur si l'homme ne le mettait en œuvre.

L'homme transforme et utilise le sol, mais à condition de se façonner à lui, cette sorte d'appropriation de l'homme au sol qu'il travaille avait déjà été remarquée au XVIe siècle par Guy-Coquille qui, parmi les Nivernais distinguait l'homme de la montagne de celui de la plaine. Les Monténésiens appartiennent à cette dernière catégorie. Quelle est leur origine? Nous allons essayer de la faire connaître.

D'abord, il est impossible de dire avec certitude, depuis quand le sol de Montenoison et de ses environs immédiats sont habités, toutefois nous pouvons affirmer qu'il n'était pas ignoré des hommes de l'âge de pierre comme en témoignent les haches en pierre éclatée et en pierre polie recueillies par M. Mélines.

Les hommes de l'âge de bronze l'ont aussi connu. Ils nous ont laissé des bracelets, poignards, etc. qui marquent une nouvelle étape de l'humanité dans la voie du progrès. Nous approchons des temps historiques, et, cependant nous ne savons ni d'où venaient ces hommes préhistoriques, ni quel était leur nom.

Aux VIIIe et VIIe siècles avant notre ère il en est encore ainsi quant au lieu d'origine des nouveaux habitants de notre sol, mais alors, ils sont désignés comme ceux du reste de la France par le nom générique de Gaulois. Les dumuli d'Arthel nous prouvent que c'étaient bien des Gaulois.

A l'arrivée des Romains, les Gaulois qui nous occupent devaient appartenir à la peuplade des Boïens, car le nom Boïen paraît nous avoir donné par altération le nom Bouy, lequel appartient à plusieurs familles du pays dont les membres présentent les caractères physiques prêtés à nos ancêtres gaulois par MM. Hovelacque et Hervé.

Cette opinion est partagée par certains étymologistes qui traduisent Arzembouy (nom d'un village distant de 6 km. par Arx Boïorum). fort des Boïens.

La conquête romaine vint ensuite. La race primitive de la population n'en fut pas modifiée, les vainqueurs étaient en trop petit nombre, seules, les habitudes gauloises firent place aux habitudes romaines qui étaient préférables. Alors, les Gaulois furent appelés Gallo-Romains.

La civilisation romaine fut brillante, les nombreux vestiges qui nous en restes : médailles, monnaie, bijoux, poteries, statuettes, débris de monuments, nous fournissent une preuve éclatante.

En dernier lieu, notre pays subit l'invasion des Germains dont un peuple, celui des Burgondes aurait transformé la population indigène au point de lui donner les caractères de la race germanique. Ces caractères, à en croire les auteurs de l'Album du Nivernais, étaient encore visibles en 1840. Voici ce qu'ils disent à ce sujet.

« Les Burgondes se sont établis sur les rives du Rhône et de la Saône, ils ont étendu leur domination sur les bassins de l'Yonne et de la Nièvre, Nevers, et Vézelay étaient les limites occidentales de leur empire. Déjà façonnés par un long séjour parmi les Romains aux travaux de la vie sédentaire ils se sont établis et fixés dans notre pays d'une manière durable, et d'autres que nous ont crut reconnaître leurs descendants vivants encore parmi la population qui couvre les terres entre Prémery et Tannay.

Cette conjoncture toute basée sur la taille élancée, le teint clair, les cheveux blonds et les yeux bleus de la plupart des habitants de cette partie de la Nièvre acquiert un nouveau poids de noms, assurément germaniques de Brinon-les-Allemands, de Champallement, de Germenay. »

A ces noms et désignations, Morella, Barat et Bussières auraient pu ajouter ceux de Challement qui semble n'être qu'une contraction de Champ Allemand, de Champlin qui peut être traduit par Champ ou Camp des Alains.

Il est à peu près certain que des Germains se sont établis dans cette partie de la Nièvre, attirés et retenus par la fertilité du sol et l'abondance de gras pâturages nécessaires à leur cavalerie.

Ils étaient sans doute en assez grand nombre pour éliminer ou plutôt absorber les anciens habitants et ainsi rendre leur race prépondérante.

Cette race a pu conserver sa physionomie particulière jusqu'au XIXe siècle avec d'autant plus de facilités que les familles de la contrée qui nous intéresse n'aimaient à contracter d'alliances matrimoniales qu'entre elles, comme aujourd'hui, d'ailleurs, mais à un degré moindre.

CHAPITRE III

GÉOGRAPHIE ÉCONOMIQUE

XI *Propriétés foncières : cadastre 1792 et 1840*

AGRICULTURE. — *Propriétaires fonciers. Propriétaires bourdeliers, droit de bourdelage, ses conséquences. Fertilité du sol, ses cultures. Statistiques agricoles 1780, 1790* et *1905*

Le 12 février 1792, le conseil municipal de Montenoison, conformément à l'ordre donné à toutes les municipalités d'établir une matrice cadastrale, chargea son secrétaire de faire ce travail après avoir divisé le territoire communal en 4 sections: 1o Lhaudreux et Fondrots, 2o Crots de Presle et Bourgellet, 3o Champs Coulon et Miniaux, 4o Borne et Bétré.

Le secrétaire ne put faire ce travail. Un commissaire spécial à qui il fut confié reçut un salaire de 174 livres voté par délibération du 29 juin 1792.

Cette matrice fut remplacée par une autre établie conformément à la loi du 18 prairial an V. Enfin le plan cadastral et la matrice actuels furent établis en 1840. Ils divisèrent la commune en 3 sections.

Section A, dite de Noison.

Section B, dite de Marsiges.

Section C, dite de Montenoison, d'une étendue totale de 1673 ha 4860 répartie ainsi:

Superficie imposable:

Terres labourables	657 ha 0145
Prés	317 ha 2680
Bois	524 ha 7230
Pâtures	114 ha 2910
Chenevières	19 ha 0950
Vergers	7 ha 3863
Jardins	4 ha 5145

Vignes	0 ha 9920
Friches	1 ha 7915
Abreuvoirs	0 ha 0850
Fontaines	0 ha 0300
Murgers	0 ha 1350
Places	0 ha 0060
Pêcheries	0 ha 0320
Sols	5 ha 9075
Mares	0 ha 0550

Contenance non imposable.

Routes, chemins, rues, places, église, presbytère, école 19 ha 8585

Depuis la loi de séparation des Eglises et de l'Etat, la superficie du presbytère doit s'ajouter à la surface imposable.

Les chiffres ci-dessus ne sont plus exacts aujourd'hui. Depuis plus d'un demi-siècle le sol a subi plus d'une modification, quelques constructions n'existent plus, d'autres se sont élevées, des défrichements parfois importants comme à Bétré, au bois Maringe ont eu lieu de nouvelles routes ont été construites.

Agriculture. — Le sol appartenait à 361 propriétaires fonciers.

Sous l'ancien régime, il n'y avait que des propriétaires bourdeliers. On devenait propriétaires bourdelier ou bordelier quand on était mis en possession d'immeubles par son seigneur moyennant une somme fixe et une redevance annuelle nommée bourdelage. C'est ainsi qu'on voit Antoine de Veilhan vendre par acte du 12 avril 1543, à Thomas Pelauld et à ses parsonniers pour 20 livres, au titre de bourdelage annuel de 5 sols 9 deniers, 2 boisseaux 1/2 de froment, 1 d'avoine et une géline des héritages près Méchaugues, ayant appartenu à Odot Balas mort sans héritiers (acte passé devant Jean Barbier garde du scel à Montenoison et Mathurin Milon, clerc juré).

Le droit de bourdelage empêchait toute amélioration en frappant terres et maisons tenues en bail bourdelier de plusieurs incapacités surtout d'une sorte de mainmorte qui excluait (coutumes de 1463) non seulement de la succession les « enfants du premier degré s'ils étaient séparés de leur père lors de son décès, mais aussi tout autre héritier quel qu'il fut, si au moment du décès il n'y avait pas communauté de biens avec le défunt, dans ce cas, la propriété bordelière faisait retour au seigneur. C'est pour obvier à cette mainmorte que se formèrent certaines communautés comme celle des Jault dans le Nivernais et des Gariots dans le Morvan. Voir : Impôt du bourdelage, page 33.

Le sol de Montenoison a toujours été renommé pour son abondante production de céréales, c'est ainsi qu'en 1686, l'intendant Le Vayer écrivait dans son rapport sur les paroisses de la généralité de Moulins « Montenoison, terre à blé et à seigle. »

Pendant la Révolution, Montenoison approvisionna maintes fois le marché de Prémery avec son froment, comme il fournit aussi, à plusieurs reprises du grain aux forgerons de Sauvages sur réquisitions du district de La Charité.

Les terres labourables sont généralement fertiles et bien cultivées. Autrefois, on cultivait le froment, le seigle, le méteil, l'orge, l'avoine, aujourd'hui le seigle est plutôt rare et le méteil inconnu.

Le trèfle, la luzerne, le sainfoin, les pommes de terre, les betteraves et les carottes fourragères entrent pour une bonne part dans l'alimentation du bétail.

Les céréales, toutes semées à la volée, sont, à leur maturité coupées à la faux ou à l'aide de moissonneuses. Le battage à vapeur remplace avantageusement l'antique et fatiguant fléau, les grains sont séparés des menues pailles par des tarares. Le van très rarement employé ne sera bientôt plus qu'un souvenir.

Les terres, soumises à un assolement triennal, sont fertilisées par un fumier trop peu abondant et appauvri par les pluies qui en ont entrainé les principes les plus actifs le long des rues. Ceux-ci ne sont pas fournis en quantité suffisante par les engrais chimiques qui sont employés avec une parcimonie trop peu judicieuse. Néanmoins, le rendement actuel est supérieur à ce qu'il était quarante ans auparavant.

Les prés sont fertiles, et grâce à leur sous-sol argileux, ils escaladent les flancs de la montagne sans trop redouter la sécheresse. Ils fournissent un foin abondant et de bonne qualité, mais insuffisant; aussi, les cultivateurs demandent-ils à leurs champs le complément de fourrage nécessaire.

En 1780 les prés produisaient 352 charretées de foin. On voit par le tableau qui termine ce chapitre que cette production est actuellement dépassée de beaucoup grâce aux soins dont les prés sont l'objet.

Les prés et pâtures occupent plus du quart du finage de la commune.

Les chenevières ne sont plus consacrées à la seule culture du chanvre, presque toutes sont aujourd'hui converties en pré.

Les vergers, encore assez nombreux, ne sont plus consacrés à la culture exclusive des arbres fruitiers. Ceux-ci, plantés ordinairement dans les jardins et les haies bordant les héritages donnent un produit peu abondant par suite des gelées printanières.

Les vignes sont constituées par des cépages greffés sur plants américains; leur produit est d'assez bonne qualité, mais peu abondant, elles n'occupent plus aujourd'hui qu'un hectare d'un terrain très calcaire (51 0/0) alors qu'au XVIIIe siècle, elles s'étendaient sur une superficie dépassant 40 ha.

Les fermiers paient leurs fermes de 80 à 100 fr. l'hectare.

Statistiques agricoles

Année 1780: 2241 boisselées de terre; 352 chariots de foins; 28 bœufs; 7 charrues.

Année 1790: 2431 journaux de terre soumis à la dîme; 40 charrues.

Année 1905

Cultures	*Superficie*	*Rendement total*
Blé	150 ha.	3750 hectol.
Seigle	2 ha.	40 hectol.
Orge	30 ha.	840 hectol.
Avoine	80 ha.	2400 hectol.
Haricots	2 ha.	4 quintaux.
Pommes de terre	25 ha.	1500 quin.
Betteraves fourragères	50 ha.	13500 q.
Navette	1 ha. 1/2	7 q. 1/2.
Chanvre	1 ha.	2 q. 1/2
Vigne	1 ha.	5 hectol.
Noix		50 quintaux.
Pommes et poires à couteau		18 qx.
Pommes et poires à cidre		4 qx.
Prunes pour eau-de-vie		20 qx.
Prunes pour pruneaux		1 ql.
Prés naturels	342 ha.	11970 qx.
Herbages	120 ha.	2400 qx.
Trèfle	20 ha.	800 quintaux.
Luzerne	50 ha.	2500 qx.
Sainfoin	40 ha.	1600 qx.

ANIMAUX

Chevaux adultes et jeunes	130
Anes	24
Bovidés adultes et jeunes	460
Moutons	620
Porcs	170
Chèvres	20
Ruches à miel	124

Forêts

Etendue, Répartition, Essences, Produits Affouages: origine; reconnaissances (1669 et 1743); concessions à François Dubroc, seigneur du Nozet, à François de Paris seigneur d'Arthel. Exploitations de la coupe affouagère. Lhaudreux: parc impérial. Chasse. Administration forestière.

D'après le cadastre, les forêts recouvrent une surface de 524 ha. 72 a. 30 ca., soit environ le tiers de la commune dont elles occupent la partie occidentale.

La section de Noison, c'est-à-dire les hameaux de Noison et des Maures, en possèdent 173 ha. 27,62; les habitants de Marsiges 29 a. 80 et les particuliers 351 ha. 15,38. Ces derniers chiffres, exacts en 1841 date de la confection du cadastre, ne le sont plus aujourd'hui par suite des défrichements effectués depuis.

Le chêne, le hêtre, le charme, le tremble et le bouleau forment les essences principales des forêts de Montenoison, ensuite viennent l'érable, le tilleul, divers arbres fruitiers sauvages et les différentes variétés de saules comme essences secondaires, tandis que les houx, les épines noires et blanches, le cornouilles, le néflier, le coudrier et le genévrier sont les seuls arbrisseaux qu'on y rencontre fréquemment.

Les bois des particuliers sont soumis à des exploitations irrégulières variant de 20 à 22 ans. Leur produit était jadis absorbé par les forges des environs, mais à la disparition de celles-ci, la moulée fut transportée sur le port d'Arthel pour être livrée au flottage et servir à l'approvisionnement de la capitale, alors que les écorces et charbons étaient conduits à Clamecy, comme ils le sont aujourd'hui à la gare d'Arzembouy avec la moulée.

(*Actuellement, l'usine Lambiotte, consomme tous les charbons des environs*).

Jusqu'à maintenant, on ignore par qui et à quelle époque le bois de Giljault a été concédé à la section de Noison. Un procès du 12 avril 1543, jugé aux assises de Giry nous montre qu'elle en jouissait antérieurement. Plus tard, Henri III lui confirma cette possession par lettres patentes du 17 octobre 1580. Enfin les prieurs de La Charité ayant obtenu des lettres de terrier en 1669 et 1743 les habitants de Noison durent faire reconnaissance de leur bois de « Girejot » qui appartenait au prieuré de La Charité, à cause de la seigneurie de Dompierre-sur-Nièvre.

Du premier acte de reconnaissance, nous extrayons ce qui suit: « *...les habitants... à cause de leurs maisons assize tant au village de Noison que Bourdizoc paroisse et justice de Montenoison à tiltre d'usage sous la charge par chacun laboureur d'un pain de fournée, tel qu'il est cuit pour leur ménage au choix dudit sieur à le prendre dans leur met ainsi qu'ils ont, eux et leurs prédécesseurs accoutumé de payer au Receveur dudit seigneur le lendemain de Noël audit Noizon où ledit Receveur vient faire le choix desdits pains, et à l'égard des Manouvriers, chacun dix deniers payables audit jour et lequel droit ils ont* *payé de tout temps immémorial aux Receveurs fermiers dudit seigneur prieur.* »

Les usagers avaient droit « d'usage, chauffer, bâtir et paccager. »

Le même droit fut accordé à plusieurs particuliers et seigneurs du voisinage entre autre à *Noble François Dubroc, seigneur du Nozet commissaires ordinaires des grueries, pour lui, ses hars et ayant cause seulement à cause de sa métairie de la Perrière sise en l'église de Giry, moyennant 5 sol tournois.* » le 5 décembre 1609. Puis à François de Paris, écuyer, seigneur de la Motte-Ternant d'Arthel en partie... pour lui et les siens, c'est-à-dire à « *scavoir le droit d'usage et de prendre du bois dans les bois usages de Noizon appelé le bois de Giregeot sis dans la paroisse de Montenoison, audit seigneur appartenant* (Pierre Payens, prieur de La Charité) *pour en jouir par ledit sieur de Paris et les siens à l'avenir pour sa maison de La Motte où il demeure, comme un des autres usagers dudit bois, sous la charge de 10 sols de cens et le droit de « fuage » pour chacun an payable à chacun jour Saint Etienne Landemain de Noël et sous les autres charges anciennes comme il est usité d'ancienneté sans réserves et le tout sans préjudicier aux droits des autres usagers.* » 7 novembre 1663.

Cette dernière concession fut cause d'un procès intenté à la communauté de Noison le 7 mars 1771 par Pierre-François de Fourvières, chevalier, comte de Quincy, ancien capitaine de cavalerie au « Régiment de Condé », chevalier de l'ordre royal et militaire de St-Louis, seigneur d'Arthel et autres lieux. Ce seigneur avait acquis la maison de La Motte-Ternant des héritiers du sieur Guinet et prétendait, en raison de cette acquisition jouir du droit d'usage accordé à François de Paris. Il fut débouté de sa demande le 7 juillet 1771.

Le bois de Giljault d'une contenance de 129 ha. 17,70 est divisé en 20 coupes réglées d'inégale contenance exploitées alternativement pour les besoins des habitants.

La partie des bois communaux délivrée chaque année s'appelle coupe affouagère. L'exploitation en est mise en adjudication ou est faite par les affouagistes eux-mêmes sous la responsabilité d'un entrepreneur placé sous la surveillance de l'administration forestière. Le bois coupé est partagé en autant de lots égaux qu'il y a d'ayants droit. Il est fait ensuite un nombre correspondant de billets; chaque affouagiste après avoir versé une somme représentant sa part de charges assises sur les bois communaux tire au sort un billet qui lui indique la part de bois dont il peut disposer comme il l'entend, mais qu'il doit enlever dans un délai déterminé.

Le partage ne s'est pas fait toujours ainsi, par exemple, en 1790, la coupe délivrée fut divisée en autant de parties de même valeur contenant chacune 6 baliveaux marqués par le garde, qu'il y avait de chefs de ménage et chaque affouagiste exploita la part que le sort lui attribua.

Ce mode de partage était sans doute usité sous l'ancien régime.

Le nombre des affouagistes dépasse rarement 80 à 90; ils se partagent en moyenne chaque année:

35 mètres cubes de bois de service à 25 frs.
80 mètres cubes de bois de service à 15 frs.
9 mètres cubes de bois d'industrie à 10 frs.
126 stères de bois de chauffage à 6 frs.

697 stères de charbonnette à 2 frs.
8000 bourrées à 1 fr. 70 le cent.

La section de Noison possède en outre 44 ha 0932 de bois nommé Lhaudreux formant le quart en réserve. Cette réserve est divisée en 5 coupons vendus au profit de la section.

Actuellement, le prix de vente d'une coupe est réparti sur plusieurs années d'affouages qui reviennent ainsi à meilleur marché aux ayants droit. Auparavant, la somme produite était employée à l'amélioration des chemins ruraux.

La réserve de Lhaudreux, anciennement nommée Bois du Haut, n'était primitivement qu'une friche communale qui s'est peuplée peu à peu. La commune et la section de Noison s'en disputèrent la propriété par un assez long procès terminé au profit de la section.

Une seule petite parcelle, quelques mètres carrés de ce bois, fut en 1811, défrichée et plantée de quatre arbres disposés symétriquement. Ces arbres devaient perpétuer le souvenir de la naissance du roi de Rome. Il ne reste rien de cette plantation qui avait reçu le nom de Parc impérial.

Les habitants de la section de Noison peuvent pour une faible somme faire pacager leur bétail dans les jeunes taillis en âge de se défendre.

La chasse dans les bois communaux, droit féodal, jadis réservé aux seuls seigneurs et dont ils se montraient fort jaloux, est affermée. On peut chasser les sangliers, lapins, lièvres, faisans, perdrix, rouges et grises.

Les bois de la commune de Montenoison sont sous la surveillance d'un garde-forestier résidant à Arthel et dont le triage fait partie de la brigade d'Oulon et du cantonnement de Donzy.

Le garde-forestier reçoit un traitement annuel de 510 fr. plus une gratification de 50 fr.

Avant 1789, le « sergent garde des bois communaux », devait être de religion catholique, apostolique et romaine. Les habitants de Noison devaient lui fournir une *bandouillère aux armes de sa majesté et un chapeau brodé d'argent* (1780). C'était là tout son uniforme.

Avec la Révolution, le mode de nomination du garde forestier changea mais moins que le mode de rétribution. Ainsi le 13 juin 1790, les habitants de Noison nomment François Bouchetard, garde moyennant 35 sols par feu payables avant de tirer les lots, plus les amendes des prises qu'il fera.

Le 3 messidor an III (21 juillet 1795) les citoyens du hameau de Noison, nomment garde, le citoyen Ragois déjà garde forestier des citoyens Mancini et Fournier » moyennant 50 sols par feu et par an, avec l'obligation par lui de poursuivre les procès à ses frais, les prises lui étant abandonnées.

Les villages de Montenoison et du Petit Bourg jouissaient du droit d'usage dans les bois du Tremblai et Darcy, d'une contenance de 100 arpents. Ils en furent dépossédés par Eléonor de Pracomtal, seigneur de Moussy.

Certains usagers, les plus aisés sans doute, protestèrent contre cette spoliation. Un procès s'en suivit, il se termina par une transaction accordant 45 arpents desdits bois aux seuls poursuivants.

A la Révolution, les affouagistes frustrés réclamèrent sans succès apparent auprès du district, en désespoir de cause, ils s'adressèrent au représentant du peuple Guillemardet.

Celui-ci renvoya aux administrateurs du district de La Charité, leur pétition qui donna lieu à la délibération suivante :

Séance publique du 24 pluviose an 3 de la République une et indivisible

Avis concernant la propriété et droits de Montenoison dans les bois usages de Giljault et d'Arcy

« Vu la pétition des habitants du Grand ce « petit Bourg de Montenoison présentée au ci- « toyen Guillemardet Représentant du peuple « Délégué par la Convention nationale dans « les Départements de Seine-et-Marne. De « l'Yonne et de la Nièvre actuellement à Ne- « vers; par laquelle ils Exposent qu'ils jouis- « soient Comme usagers de Cent arpens de « Bois appelés le tremblai Et Bois Darcy si- « tués finage D'Oulon que leur jouissance a « été paisible Jusques à l'instant où Eléonord « Pracontal Ci-devant seigneur de Moussy s'en « est emparé de concert avec trois particuliers « de la commune de Montenoison auxquels il « en a cédé quarente cinq arpents ainsi qu'il « apport par une transaction faite Entre Eux « le 7 février 1756, qu'ils ont fait actionner « les représentans desdits trois particuliers « pour se faire réintégrer dans la propriété « et Jouissance de Ces quarente Cinq arpens, « que par jugement arbitral rendu le vingt « un nivose dernier d'après les dires Respectifs « des parties, et d'après une enquête légale- « ment faite ils ont été Réintégrés dans la « propriété usagère des Bois dont il s'agit, « mais que ce jugement nayant point été Ren- « du avec le Ci-devant seigneur de Moussy qui « a cause de son Emigration, n'a point été « actionné, ne peut Recevoir sa pleine et En- « tière Exécution qu'au préalable la nation « qui Est au droit dudit pracontal ni adhère « d'une manière formelle. qu'en Conséquence « ils demandent à Ce qu'il soit permis de

« se mettre déffinitivement en possession de « la totalité desdits Cent arpens de Bois usa- « ges.

« Le renvoi de ladite pétition du Citoyen « Guillemardet au Département Et Celui du Dé- « partement à Cette administration pour avoir « ses observations et avis motivé. Ce tout en da- « te du vingt de ce mois.

« Toutes les pièces jointes à ladite pétition « notamment, L'extrait du terrier de Moussy « et Busseau, reçu Chaufournier, notaire à « Arthel le 29 juillet 1686.

« Le procès-verbal de non conciliation fait « par le citoyen Vincent ferriere assesseur du « Juge de Paix du canton de Prémery.

« La pétition des Citoyens François et Jo- « seph lejaud, Claude Niaudot et autres habi- « tans de Montenoison au nom et Comme fon- « dés des pouvoirs de leur Commune par déli- « bération du 1er novembre 1792, par laquelle « ils demandent à être autorisés à traduire « devant les tribunaux à Ce Compétents Léo- « nard Anne Pracomtal propriétaire de Monte- « noison, pour être condamné à délaisser aux « habitans dudit lieu de Montenoison aux ter- « mes de la loi du 28 août 1792. La propriété « et Jouissance des Bois usages du tremblai « qui leur appartiennent et dont il s'est emparé. La délibération du Conseil général de la « Commune dudit jour premier novembre.

« La Consultation du Citoyen Leblanc La- « borde Etablissant les prétentions desdits ha- « bitans en date du 25 octobre 1792.

« Un contrat de vente passé devant Boury, « notaire à Nevers le treize may 1744 par « lequel Jean Gascoin et sa femme ont vendu « à François Chambon un bien situé à Mont- « tenoison et Entre autres choses les droits

« qui pouvoient leur appartenir dans les bois « usages du tremblai et Darcy.

« Une transaction sur procès Entre Léonard « pracomtal père du susnommé d'une part et « Philibert, paul et philippe Chaufournier, « Jean Dagonneau et autres, d'autre part, par « laquelle il appert que pour terminer tous « procès Entre eux Relativement à la proprié- « té desdits bois de la contenance de Cent « arpens, ledit pracomtal abandonne auxdits « Dagonneau et françoise Gaudry yeuve Bar- « barin, Philippe Paul et Philibert Chaufour- « nier, françois, jacquee et edme Dugué « la quantité de quarante cinq arpens de bois « dans lesdits bois usages du tremblai, se ré- « servant le surplus et à la charge de trois « deniers de Cens portant profits de lots et « ventes et payable à chacun jour à St-Etien- « ne lendemain de Noël, au moyen duquel ar- « rangement ledit Dagonneau et autres aban- « donnent audit pracomtal le droit d'usage « qu'ils avoient dans la totalité dudit Bois.

« L'avis de cette administration du trente « décembre 1792.

« L'arrêté du Département du 8 janvier 1793 « (v. s.) par lequel Est dit que la nation ayant « intérêt dans la demande à cause de l'E- « migration de Léonard Anne Gabriel Pra- « comtal les pétitionnaires avant d'obtenir l'au- « torisation qu'ils Réclament seront tenus de « se présenter dans le mois par devant le « Procureur Général sindic Conjointement avec « lesdits Chaufournier, Dagonneau et Consorts « pour traiter de gré à gré sur le contenu « en ladite pétition. Et que jusqu'à la déci- « sion de l'affaire ledit Dagonneau et Consorts « ne pourront couper aucune partie desdits « Cent arpens de Bois soit en gros taillis « soit en Branchages.

« Autre arrêté du Département du 27 mai « 1793 par lequel d'après avoir Considéré que « la Résistance de Dagonneau et Consorts « Empêche que l'affaire soit terminée de gré « à gré il autorise les habitans de Monte- « noison à traduire par devant le tribunal « Compétent les possesseurs de Bois usagers « du Tremblai et à poursuivre la rentrée « dans leurs droits Jusqu'à Jugement défi- « nitif.

« Les moyens de déffense desdits Dagonneau, « Chaufournier et autres tant devant le tri- « bunal de ce district que devant les arbi- « tres choisis et nommés pour Régler la « Contestation, par lesquels ils prétendent « être propriétaires des 45 arpens de bois « dont s'agit au préjudice des autres ha- « bitans, et leur Grand moyen est de sou- « tenir la validité de la transaction sus da- « tée attendu disent-ils que le droit d'usage « n'avoir lieu qu'au profit de 5 chefs de « familles Et que l'abandon a été fait sans « force ni contrainte et de Bonne foi.

« Vu encore la sentence rendue en la ci- « devant table de Marbre du palais à Paris « au profit du ci-devant seigneur de Monte- « noison, contre deffunt le citoyen Chau- « fournier et autres propriétaires et culti- « vateurs dudit Montenoison pour raison de « prétendues mesures ? et dégradations com- « mises dans le Bois de Tremblai.

« Vu encore la déposition des témoins fai- « te le dix-huit frimaire dernier devant le « citoyen Louis Germain Normand cultiva- « teur en la Commune de Parigny-les-Veaux « nommé à Cet Effet par le juge de paix « du canton de Prémery.

« Et le jugement arbitral Rendu le vingt « nivose dernier et déposé au Greffe du tri-

« bunal le vingt sept du même mois par « lequel Pierre Dagonneau et Consorts sont « declarés non recevables dans leur demande « et prétention et les habitants de Monte- « noison renvoyés en pleine propriété et « jouissance usagère des Bois dont il s'agit.

Les administrateurs, l'agent national entendu

« Considérant que par la transaction dudit « jour 7 février 1756, il Est démontré que « le ci-devant seigneur de Montenoison a « usurpé cinquante cinq arpens de Bois, dans « les Bois usages de Tremblai et D'Arcy. Et « Ce fait est d'autant plus évident, C'est que « l'on remarque dans ladite transaction que « les Chaufournier, Dugué, Dagonneau et veu- « ve Barbarin disent que s'ils ont plaidé « avec leur seigneur pour Raison dudit Bois « C'est qu'ils prétendoient en avoir la pos- « session, mais que pour lui donner des preu- « ves de leur respect, ils consentoient à leur « abandonner une partie de leurs droits dans « les mêmes Bois.

« Considérant que par ledit acte ce n'est « pas les Chaufournier et Consorts qui ont « abandonné audit ci-devant seigneur une « partie desdits Bois, mais bien ce seigneur « usurpateur qui leur en a abandonné qua- « rante cinq arpens à la charge d'un denier « de cens par an payable à chacun jour de « Saint-Etienne, lendemain de Noël.

« Considérant que par ledit acte et recon- « naissance aux terriers les Bois du Trem- « blai et D'Arcy sont sous la dénomination « de Bois usages, que le ci-devant seigneur « les a lui-même dans le cours desdits actes « ainsi qualifiés.

« Considérant que par l'abandon fait par « ledit ci-dévant seigneur aux Chaufournier et « autres ledit jour 7 février 1756 de quarante

« cinq arpens il leur abandonne dans les cinquante cinq arpens qu'il s'est approprié tous les branchages et rameaux, d'après en avoir tiré la moulée et les autres marchandises.

« Considérant que par cette dernière clause ledit ci-devant seigneur à tacitement reconnu que les bois dont il s'agit ne lui appartenoient pas, mais bien aux habitans de Montenoison seuls.

« Considérant que si ces bois eussent réellement appartenus au ci-devant seigneur, il n'auroit pas oublié de faire relater dans la transaction du 7 février les titres sur lesquels il avoit fondé sa réclamation contre les habitants.

« Considérant que les Bois du Tremblai et d'Arcy ayant dans tous les tems été connus pour usages, trois à quatre particuliers n'ont pu seuls se rendre acquéreurs de quarante cinq arpens dans lesquels la commune entière avoit le droit d'aller prendre son chauffage ainsi que dans le reste.

« Considérant que d'après les dépositions des témoins du 18 brumaire dernier, il Résulte que les Bois dont Est question, ont toujours appartenus aux habitans de Montenoison qui y coupaient leur chauffage.

« Considérant que par l'acte de vente du 30 mai 1744 consenti par Jean Gascoing devant Bouri notaire à Nevers au profit de François Chambon de plusieurs héritages situés à Montenoison ledit Gascoing a aussi vendu le droit d'usage qui pouvait lui appartenir dans les usages du Tremblai et d'Arcy ce qui prouve qu'il n'avoit pas plus dans les Bois que le général des habitans de Montenoison.

« Considérant que dans tous cours des

« actes et de l'instance qui a eu lieu les-
« dits Bois sont qualifiés de Bois usages
« ce qui annonce une propriété communale
« qui a été usurpée par la jouissance féo-
« dale.

« Considérant qu'il n'existe aucuns titres qui
« accorde une propriété Réelle au ci-devant
« seigneur que la transaction audit jour 7
« février que la force majeure a fait consen-
« tir.

« Considérant que le bois qui fait l'objet
« de la Réclamation que font les habitans
« de Montenoison est reconnue être Bois usa-
« ge, que cette dénomination annonce que le
« Bois a été concédé dans le tems par le
« propriétaire d'icelui, qui aurait aujourd'-
« hui le droit de Réclamer son tiercement at-
« tendu qu'une concession de cette nature
« n'entraîne avec elle qu'un droit quelconque
« dans l'usufruit et non un droit réel dans
« le fond de la chose.

« Considérant qu'aux termes des articles
« 6 et 8 de la loi du 28 août 1792 les habi-
« tans de Montenoison ont été bien fondés
« exerces des poursuites pour rentrer
« dans la totalité desdits Bois.

« Estiment d'après toutes les considérations
« cy-dessus que les habitans de Montenoi-
« son, doivent être renvoyés dans les deux
« tiers des Bois qu'ils réclament pour en
« jouir en toute propriété pour leur tenir
« lieu de droit d'usage, et qu'il doit être fait
« distraction de l'autre tiers au profit de
« la Nation étant aux droits de Pracomtal
« propriétaire desdits bois pour lui tenir lieu
« de droit d'usage et de propriété, qu'à
« cet effet il doit être nommé un arpenteur
« Géomèttre de la part desdits habitans et
« un autre de la part de la Nation par l'in-

« termédiaire de cette administration. Lesquels « procèderont audit partage et division par le « tirage au sort et par plantation de Bornes « et autres marques distinctives en observant « la valeur du sol et celle de l'âge des dif- « férentes coupes desdits Bois, dresseront « du tout procès-verbal en présence des par- « ties ou elles dûment appelées et feront « dudit partage deux plans figurés, dont un « sera annexé à l'expédition du procès-verbal « qui sera remis auxdits habitans ».

FINANCES

Généralités, élections. Taille, collecteurs, percepteurs. Impôt du bourdelage (Extraits de terriers). Fermiers de la châtellenie. Dîme. Tableau comparatif des contributions en 1686, 1780, 1803, 1907. *Situation financière de la Commune.*

Avant 1789 l'administration des contributions directes était divisée en 32 généralités, et celles-ci en élections comprenant chacune un certain nombre de paroisses. C'était au chef-lieu de l'élection qu'étaient réparties entre les paroisses les tailles et impôts et jugées les réclamations et contestations qui y donnaient lieu.

Jusqu'en 1792 Montenoison fut une des 275 paroisses de l'élection de Nevers, une des 7 qui formaient la généralité de Moulins en Bourbonnais. A partir de cette époque, Montenoison fut rattachée à la généralité de Bourges et ressortissait à l'élection de La Charité.

Sous la féodalité notre commune paraît n'avoir payé qu'un seul des impôts directs: la taille due au roi, mais elle payait un autre impôt : le bourdelage aux comtes, puis aux ducs de Nevers.

La taille votée sous Charles VII avait d'abord servi à entretenir les premières armées permanentes. Tous les privilégiés et jusqu'aux domestiques de la maison du roi en étaient exempts (Rambaud).

Ici, le curé seul ne payait rien.

Le roi fixait chaque année le montant de la taille pour chaque province (Rambaud). L'intendant la répartissait ensuite entre les élections. Dans chaque paroisse, le collecteur (c'était le percepteur d'autrefois) élu par une assemblée générale de tous les chefs de famille, taxait chaque habitant et percevait la taille. (Beaucoup de collecteurs ne savaient pas écrire, ils se servaient de tailles comme aujourd'hui les boulangers d'où le nom de taille donné aux contributions). Tous les habitants aisés d'un village étaient réputés solidaires vis à vis du Trésor ; ils payaient pour les insolvables (Rambaud)

Collecteurs. En 1780, le collecteur était François Chambon ; en 1790, Montenoison eut trois teneurs de bourses (collecteurs) c'étaient Claude Maupetit le jeune propriétaire ; Claude Barbarin, cabaretier et Heustache Trameson, manœuvre. Le collecteur de 1792 fut Pierre Dagonneau moyennant un salaire de 137 livres 16 sous voté par le conseil. Mais en 1794, la perception des impôts demeura à la charge de la municipalité qui l'avait mise en adjudication. En 1802, le conseil nomme Gilles Dagonneau collecteur pour l'année 1803 moyennant une remise de 5 centimes par franc sur la contribution foncière et de 1 centime 1/2 sur les autres contributions ce qui faisait une somme totale de 254 fr 29.

Percepteurs. De 1808 à 1819, Montenoison est de la perception de Giry avec Champlin, Moussy et Oulon (Joly et Métairie Vallée percepteurs municipaux) puis de celle de Champlemy jusqu'en 1856 (Métairie Vallée 1819, Renaud 1824, Camelin 1833, Lebrun 1844, percepteurs receveurs municipaux) et enfin de la perception actuelle de Prémery avec les communes de Prémery, Giry, Lurcy-le-Bourg, Oulon et Sichamps (Percepteurs Courot 1856, Dusser 1873, Bessonnat 1879, Fardeau 1881, Lefèvre 1889, Trajani 1898; Gallet... Gouverneur et Gamet 25 mai 1906.

Montenoison est de la recette particulière de Cosne.

Impôt du bourdelage. Le bourdelage était dû aux comtes, puis aux ducs de Nevers par les propriétaires fonciers ainsi que nous l'avons déjà dit. C'était une sorte d'impôt foncier. Les droits du bourdelage étaient inscrits sur des terriers comme il est indiqué ci-dessous:

Extraits de débris de terriers. Les terriers concernant Montenoison furent brulés avec beaucoup d'autres à Moussy le 20 octobre 1793).

Augustin Danteur doit 3 sols et 4 deniers, un boisseau d'avoine et un quartier de poule de bourdelage sur 2 chariots de foin appelés Biez de Prais tenant du levant au champ de Jean Bouez.

François Gilet doit de cens commüe 8 sols et 2 gélines sur 15 hommes de vigne sous le chasteau tenant à la rue des morts.

Me Léonard Desnoyers curé de Treigny doit 32 sols de bourdelage sur 2 charretées de foin en la prairie de Noison.

Honorable homme Louis Louault doit de

bourdelage un quart de froment et une demi-géline sur un journal et demi appelé La Fosse.

Me Jean Lejault doit 10 deniers de cens sur 2 journaux de terre à Marsiges appelé Lensotte ou sur le bourdeau.

Plus doit sur 2 chariots de foin d'une part et sur 2 autres chariots se joignant en Bourguereau, 5 sous et une poule de bourdelage.

Me Claude Petiot doit 6 sols 8 deniers et un Bo d'avoine mesure de Montenoison de bourdelage sur une pièce de terre et pré.

Me Jean Paris doit 5 sols de rente sur une terre en Bourgelet.

Plus ledit sieur Paris doit 2 sols de cens sur une maison, ouche, jardin, chenevière, cour, grange et écurie tenant à ladite maison, le tout tenant ensemble contenant 4 journaux, tenant du levant à la rue Collas, du midi au chemin de Montenoison à Oulon.

Jeannot doit 3 sols de cens et un quart froment mesure de Montenoison, sur un demi journal de terre appelé terre du curé ou fossé.

Plus ledit Jeannot doit un demi boisseau froment mesure de Montenoison de cens sur un journal de terre appelé la Fosse prest la fontaine du Bourg.

Plus ledit Jeannot doit 7 sous 6 deniers un bichet froment mesure de Montenoison de bourdelage sur 3 journaux de terre appelés champ Dé.

Plus ledit sieur doit 12 sols, 2 boisseaux de froment de bourdelage sur deux journaux de terre appelés le Poirier Guillaume et sur deux autres journaux situés au Grand Fondereau sous la côte d'Arcy.

François Joly et Jean Loret doivent 6 sols

et un boisseau de froment de bourdelage sur deux journaux de terre au Cré.

Le sieur Joly seul doit 10 sols, une poule de bourdelage sur 2 chariots de foin appelés la Petite Bandye dans le pré de la Fontaine aux Chiens.

Plus ledit sieur Joly doit 20 deniers de cens sur un journal de terre appelé Préfait tenant à la Forêt de Montenoison.

Plus ledit sieur Joly doit une livre de rente et deux sols 6 deniers de cens sur 8 chariots de foin ou environ appelé la Fontaine aux Chiens.

Plus ledit sieur Joly doit 3 sols 4 deniers de cens sur la moitié de trois journaux de terre appelé Courtes raies.

Clerre Dampteur doit 3 sols et un quart froment de bourdelage.

François Niaudot et Jean Coullemard doivent 7 sols 10 deniers de rente foncière sur 3 chartées de foin à Marsiges lieu dit le Bouillon.

Le dit Niaudot, Hugues Gaudry et Adrien Graillot doivent 30 sols de cens sur un chariot de foin à Marsiges appelé le Cartier tenant du levant à la Riaule du sieur Geoffroy.

Philibert, Louis et Valentin Valot doivent 2 sols 6 deniers et une poule de bourdelage sur un pré assis en la prairie de Montenoison appelé Grand Pâtureau contenant un chariot de foin.

Plus lesdits Vallot doivent 50 sols et une demi poule de bourdelage sur un pré appelé le Valentin, tenant du midi au pré du seigneur d'Oulon.

Les dits Vallot et Jeanot Rousseau doivent de bourdelage un boisseau froment et 6 sols sur deux journaux de terre appelé sur les Créa.

(Un lieudit de Montenoison porte actuellement le nom de bourdelage.)

C'étaient les fermiers des revenus de la chastellenie, qui, pour une somme payée par eux aux seigneurs de Montenoison, percevaient ces droits à leurs risques et périls.

Fermiers de la chastellenie connus

1618, Claude Corcelat.

1655, Renaud et Nandrot. Cette même année il leur est fait défense à peine de 500 livres d'amende « de faire aucunes poursuites devant autres juges que le présidial, contre François Chambrun, maître de la forge de Prémery qui avait fait tirer quelques mines dans les terres dépendant de leur dite ferme pour le travail de sa dite forge. »

1689, Eustache Provost, chirurgien, demeurant en la ville de Prémery.

1697 et 1710, Edme Geoffroy.

Dîme. — Aux différents impôts dont nous venons de parler nous pouvons en ajouter un autre, très impopulaire, la dîme.

La dîme des villages de Montenoison et Marsiges était en 1291 la propriété de Robert de Chanlitre qui la tenait en fief de Gauthier de Cuy et des enfants qu'il avait eu de Adeline, sa femme. (Marolles, 135).

Mais en 1789, il n'en était plus ainsi (Voir déclaration des revenus de la cure de Montenoison.)

A cette époque, Montenoison payait 950 livres comme dîme. Marsiges 500; Aubigny 540 l. et Noison, 1.000 l., soit un total de 2990 livres pour la paroisse.

Bail de la dîme de Marsiges, 1785

« A tous ceux qui ces présentes lettres verront Jean Joseph Pierre Pallonnier de

Veilly, Chevalier seigneur de Veilly, Tavenay et autres lieux, ancien mousquetaire de la garde du roy, grand Bailly d'épée du Bailliage royal du Nivernais au siège présidial de St-Pierre le Moutier Salut, scavoir faisons que ceux verront. Les nottaires royaux aux résidences de Lurcy le Bourg et St-Révérien, soussignés au lieu de Montenoison. Cejourd'hui, dix-huit juin mil sept cent quatre vingt cinq après midy fut présent Messire Jean Septier de Rigny licencié en droit civil et canonique de la faculté de Paris prévost de l'église collégiale de St-Léger de Tannay, prestre et curé de la paroisse de Montenoison y demeurant, Lequel volontairement par ces présentes fait bail à prix d'argent pour le temps et l'espace de six ans venant à neuf années qui commenceront la présente avec faculté audit M. Septier et les preneurs ci-après nommés de faire résilier pour les trois dernières en le faisant signifier trois mois avant l'échéance des trois premières et promet faire jouir en acceptant aux sieurs Jean François Lejault, Bourgeois demeurant au Bourguerault paroisse dudit Montenoison et au sieur Guillaume Martin, marchand, demeurant au lieu et paroisse de Moussy. C'est à scavoir toute la dixme des grains de toutes espèces appartenant audit sieur Bailleur, située à Marsige, paroisse de Montenoison sans en rien réserver, le tout qu'il appartient audit sieur Bailleur et que la perception en a été faite par le sieur François Nandrot, ancien dixmeur, clause expresse au présent bail et en cas de difficulté pour la perception le sieur François Nandrot dixmeur dudit Marsiges. Maritte Trotter dixmeur de Montenoison et Edme Dumont dixmeur de Noizon dirent la manière dont ils la faisaient cy-devant la perception afin que la même règle soit observée. L'héritage appelé la Vieille Pras fera partie de la dixme de Noison et non de celle de Marsigcs. Le présent bail ainsy fait pour et moyennant la somme de six cent trente six livres que les preneurs promettent et s'obligent conjointement et solidairement l'un pour l'autre un d'eux seuls pour le tout renonçant au bénéfice de disjonction, ordre de droit et de discution de payer audit sieur en deux termes scavoir quatre cent vingt livres au jour de St-Martin d'hiver prochain et deux cent seize livres le vingt quatre juin mil sept cent quatre vingt?... et ainsi continuer d'année en année et de terme en terme à l'expiration dudit bail, s'obligent les preneurs et demandeurs donner au sieur Bailleur quinze bichets d'avoine mesure de Prémery en nature pour?... sans diminution du prix dudit bail lesquels preneurs estiment les dits quinze bichets avoine valoir la somme de trente livres, s'obligent en outre de donner annuellement quatre voitures que le sieur bailleur pourra exiger et qui ne pourront être à plus d'une lieue et demie dudit Montenoison, sans rétribution, s'obligent aussy de donner pour chacun an audit sieur bailleur trois paires de poulets bons à chaponner et trois livres de beurre.

Tout ce que dessus a été respectivement consenti, stipulé, accordé. etc...

Contrôlé à St-Révérien le 18 juin 1785.

Tableau comparatif des contributions à diverses époques.

1686. — Taille: 140 livres pour 90 feux. Situation privilégiée car Arthel payait: 754 livres pour 36 feux; Oulon 630 livres pour 40 feux; Moussy, 1174 livres pour 53 feux. Mais le duc de Nivernais était seigneur de Montenoison.

1780. — 2648 livres (Le curé en était exempt.)

Si à cet impôt l'on ajoute le 2990 livres de la dîme payée en 1789, on obtient un total dépassant les impôts de 1803.

1803. — Contribution foncière 4933 fr. 33
1803. — Contribution mobilière 491 fr. 13
1803. — contribution des portes et fenêtres 62 fr. 80
Total 5.487 fr. 36

Contributions directes de 1907

Propriétés foncières, bâties et non bâties 10,276 fr. 68
Cos personnelle mobilière 1.474 fr. 14
— portes et fenêtres 716 fr. 33
— Patentes 219 fr. 93
— Taxe pour fonds de garantie (accidents du travail 0 fr. 33
Total 12.687 fr. 08

Situation financière de la Commune.

Recettes ordinaires 7.194 fr.

Produit des Ces ordres et extraordinaires 1984.

Nombre des centimes pour dépenses ordinaires et extraordinaires 36.

Montant de la dette en capital au 31 décembre 1906: 609 fr.

Dépenses ordinaires 7.030 fr.

Valeur du centime 56 fr. 09.

INDUSTRIE ET COMMERCE

Aucune industrie d'une certaine importance ne paraît s'être installée à Montenoison, cependant, on peut signaler un « moulin à foulon », destiné à fouler, c'est-à-dire à feutrer les draps. Il a disparu depuis longtemps. C'était le ruisseau de Fontaineville qui lui fournissait la force motrice.

Une tuilerie détruite depuis longtemps existait dans un champ de la ferme de Bétré.

Le recensement des chefs de familles en 1716 mentionne un cardeur de laine et cinq autres industriels : un maréchal, un fendeur, un huilier, deux tisserands.

Celui de 1780 indique deux maréchaux, deux huiliers, un taillandier, un charron, deux tisserands et deux tailleurs.

Actuellement, Montenoison compte un charron-forgeron, un maréchal ferrant, un sabotier, trois charrons et un huilier.

Le commerce semble avoir été assez actif à Montenoison, à la fin du XVIIIe siècle, si l'on en juge par le nombre de commerçants dont les noms figurent dans les deux recensements précités.

Dans les premiers, deux chefs de famille, des blâtiers font le commerce des grains, tandis que dans le second, vingt sept sont qualifiés marchands sans indication de leur genre de commerce.

Aujourd'hui, Montenoison possède un marchand de vaches, un marchand forain, quatre épiciers, dont deux vont offrir leurs marchandises aux ménagères des communes voisines, un vitrier et six aubergistes contre deux en 1780.

Quant aux autres habitants de la commune qui tous ont un lopin de terre à cultiver, les uns travaillent exclusivement leurs propriétés, tandis que les autres, suivant les saisons sont ouvriers agricoles ou bûcherons.

Montenoison possédait autrefois une foire, on trouve cette indication dans le rapport de l'intendant de la généralité de Moulins établi en 1686. Elle n'en a plus aujourd'hui, bien qu'elle en ait demandé trois par une délibération du conseil municipal de février 1853.

Ces trois foires auraient tenu les 29 janvier, 18 mai et 15 septembre de chaque année.

Les particuliers et les ménagères conduisent leurs produits aux foires et marchés des environs .

VOIES DE COMMUNICATION

Voies romaines. Chemins vicinaux. Budget du service vicinal en 1908. *Cantonniers.*

Voies romaines. — Malgré son sol accidenté, Montenoison est bien partagé sous le rapport des voies de communication.

Deux voies romaines passant à son pied, l'une à l'est, l'autre au couchant témoignent de l'importance que nous vainqueurs attachaient à ce lieu. La première traversait la commune du nord au sud, elle reliait Auxerre à Nevers; tandis que la seconde passait aux Maures, à Noison, à Montenoison et prenait ensuite la direction de Lurcy-le-Bourg. Cette dernière se détachait, au sud de Sophin, d'une autre bien plus importante venant d'Entrains qu'elle mettait en communication directe avec Bibracte, la vieille capitale des Celtes, elle arrivait à la ville gallo-romaine de St-Révérien après avoir traversé le nord de la commune de Montenoison.

Chemins vicinaux. — Aujourd'hui, en dehors de ses nombreux chemins vicinaux qui la sillonnent en tous sens, Montenoison est parcourue par les chemins d'intérêt commun suivants:

N° 45 de Saint-Saulge à Varzy;
N° 29 de Brinon à Prémery;
N° 40 ne parcourt pas la commune.

Elle est en outre desservie par les chemins vicinaux ordinaires suivants:

Nos 1 de Montenoison à Champalement 2126 m. entretien complet.

— 3 de Lurcy-le-Bourg à Arthel par Noison 725 m. entretien complet.

— 5 de Noison au Chemin d'I.-C. no 29 1700 m., entretien complet.

— 8 de Noison aux Usages de Giljault, 4043 m., entretien complet.

— 9 de Champlin à Moussy, 1180 m., entretien complet.

— 10 Chemin des Brûlés 764 m., entretien complet.

— 11 de Marsiges à Noison 1878 m., entretien complet.

— 12 de Noison à Arzembouy (Chemin des Bœufs gras, 500 m. entretien complet.

— 13 de Noison à Arthel (Chemin du Griotier 107 m. en lacune.

Budget du Service vicinal, année 1908.

Tous ces chemins d'intérêt commun compris sont l'objet d'une dépense communale dont détail suit:

Entretien des Chemins d'I. C. nos 29, 40 et 45	807 fr.
Entretien des Chemins vicinaux	1680 fr.
Remboursement d'emprunt et intérêts	160 fr.
Frais généraux	151 fr.
Total	2.798 fr.

Cette dépense était couverte par les recettes suivantes:

3 journées de prestations	1468 fr.
5 ces spéciaux ordinaires	281 fr.
3 ces spéciaux extraordinaires	169 fr.
Emprunt	160 fr.
Imposition pour salaire des cantonniers communaux	720 fr.
Total	2.798 fr.

Chaque année, depuis la loi du 31 mars 1903, le conseil municipal soucieux d'une plus juste répartition de l'impôt des prestations le remplace par la taxe vicinale.

Les chemins vicinaux tous en bon état forment un ensemble de 12.916 mètres livrés à la circulation avec fossés et aqueducs. Ils sont entretenus par des cantonniers communaux placés sous la surveillance d'un chef cantonnier habitant le village de Noison, dirigé lui-même par un agent-voyer résidant à Prémery.

Les chemins ruraux eux aussi sont en bon état; tous les ans leur entretien nécessite une dépense d'environ 300 fr.

CORRESPONDANCE

Postes, télégraphes et téléphones. Correspondance privée en 1847.

La commune de Montenoison est desservie par deux lignes de chemin de fer: 1° celle du P. L. M. de Nevers à Laroche par Clamecy, établie en 1877; 2° celle de Nevers à Saulieu par Corbigny construite en 1905, cette dernière appartient à la Société des chemins de fer économiques de la Nièvre.

Suivant qu'il est nécessaire, les habitants se rendent aux gares d'Arzembouy ou de Prémery distantes de 6 et de 11 km., ou de St-Révérien située à 8 km. sur l'Economique.

Le service des postes est fait par le bureau de Prémery où résident les deux facteurs qui desservent la commune et lèvent à l'aller et au retour les deux boîtes aux lettres placées l'une à Montenoison, l'autre à Noison.

Les services télégraphique et téléphonique ont été inaugurés à Montenoison le 1er décembre 1907.

Les conversations échangées dans l'étendue du canton, sauf pour Champlin, sont taxées 0 fr. 25 l'une.

En 1847, lors de la hausse des blés, des agioteurs avaient établi sur le Cavalier des signaux correspondants à d'autres établis à Sancerre et sur la Vieille Montagne, commune de Saint-Honoré (chronique locale: Moulins-Engilbert par V. Moreau.

CHAPITRE IV

GÉOGRAPHIE SOCIALE

XVII. — *Population. Recensements* 1716 *et* 1780. *Habitations. Mœurs. Assistance. Maladrerie.*

Origine de la population (voir page 11)

La population de la commune s'élève à 464 habitants répartis, 100 à Montenoison, 212 à Noison, 33 aux Maures, 6 au Petit Bourg, 27 à Marsiges, 19 à Sassignée, 25 à Aubigny, 11 à Bourgareau, 6 au Puits de la Breime, 9 au Casson, 6 à Bêtre, 7 à Fenins, 3 au Champ Pallet (recensement de 1906).

Recensement des chefs de famille, année 1716.

Montenoison

Philibert Chaufournier, bourgeois, Corcelat marchand, Corcelat, bourgeois, Coulmard laboureur, Cler Danteur. laboureur, Dougny laboureur, Jean Dugué bourgeois, Jeanne Dugué marchand, Hugues Gaudry laboureur, François Hardy laboureur, Geoffroy marchand, Lechauve, Lechauve charron, Lejault bourgeois Jean Lejault bourgeois, Loret manœuvre, Loret marchand, Louis Loret marguiller, Pierre Louault huissier, Gaulier manœuvre, Gauthier maréchal, Charles Nandrot, marchand, Grignard marchand, Gaudry laboureur, Martin laboureur, Picard fendeur, Ravet laboureur, Vallot laboureur.

Aubigny

Nicolas Arrial laboureur, Barrage, Jean Bouy manœuvre, Catelain maçon, Guillaume Garnier manœuvre, Lévèque, Valentin Moireau manœuvre, Rousseau laboureur, Talvard laboureur, Trameçon manœuvre, Vallot, Jean Vallot manœuvre, Marise Vallot laboureur, Marise Vallot voiturier, Valentin Vallot laboureur.

Marsiges

Coulmar, Claude Coulmar blâtier, Jacq Coulmar manœuvre, Mathière Coulmar voiturier, Pierre Coulmar manœuvre, Gaudry manœuvre, Jean Larrivé laboureur, Charles Larrivé laboureur, Malry laboureur, Niaudot, laboureur, Etienne Niaudot manœuvre, Léon Rougemont laboureur.

Les Maures.

Danteur, Gaudry, Claude Goux, Michot, laboureur, Niaudot, laboureur.

Noison

Bouveau, manœuvre; Bouy; Léon Danteur, laboureur; Léonard Danteur, laboureur; Dodinot, laboureur; Jean Dodinot, huilier; Dugué, marchand; Dumont; Philippe Dumont, manœuvre; Garnier, manœuvre; Clair Garnier; Gaudry, manœuvre; Jean Gaudry, laboureur; Jolivet, manœuvre; Claude Jolivet, blâtier; Laurent, cardeur; Jean Gaudry, manœuvre; Lechauve; Louault; Et. Louault, tisserand; Maupetit, marchand; François Maupetit, laboureur; Charles Millot, manœuvre; Jean Vallot jeune laboureur; Jean Moireau, pâtre; Moutot; Regnard, marchand; Claude Regnard.

bourgeois; Léonard Regnard, manœuvre; Philibert Trameçon, laboureur; Claude Trottet, laboureur; Vallot; Vallot, laboureur; Venant, manœuvre.

Sassignée

Et. Corcelat, bourgeois; Léon Dioux, tisserand; Jean Loret, marchand; Jean Maraux, manœuvre; Charles Mathery, manœuvre.

Recensement de 1780

Montenoison

Edme Barbarin, marchand; Léonard Barbarin, marchand; François Chambon, collecteur; Gilles Chambon, propriétaire; Guillaume Chambon, laboureur; Philibert Chaufournier, bourgeois, syndic; Philibert Chaufournier, manœuvre; François Chaufournier, manœuvre; Charles Coursier, manœuvre; Etienne Dougny, manœuvre; François Dugué, propriétaire; Jacques Dugué, propriétaire; Jean Garnier, manœuvre; Pierre Gaudry, manœuvre; Mathieu Geoffroy, maréchal; Eustache Gillet, manœuvre; Etienne, propriétaire; François Nandrot, marchand; Jean Perche, marguillier; Léonard Perche, manœuvre; Gabriel Petit, maréchal; Râteau, maître d'école; Charles Rignault, garde forestier; Pierre Thépénier, laboureur; Claude Trottet, tailleur; Claude Vannier, propriétaire; Louis Nandrot, huissier.

Noison

Charles Bouchetard, marchand; Nicolas, marchand; François Bouix, marchand; Edme Bouveau, marchand; Joseph Briffault, manœuvre; Mari-Anne Briffault, tailleur de pierre; Jean Cointe, manœuvre; Jean Dagonneau, laboureur; Louis Danteur, laboureur; Louis Ducrot, marchand; Jean Dumont, marchand; Jean

Dumont, propriétaire; Georges Bouïx, marchand; Etienne Gaudry, huilier; Laurent Gaudry, manœuvre; Léonard Gaudry, manœuvre; Louis Gaudry, propriétaire; Jean Guyoux, manœuvre; Pierre Guyoux, manœuvre; Charles Hérault, propriétaire; Jacques Laurent, manœuvre; Claude Larrivé, taillandier; Louis Larrivé, manœuvre; Etienne Lechauve, marchand; Etienne Lechauve, marchand; Jean Louhault, propriétaire; Léonard Louault, tisserand; Louis Matry, marchand; Barbe Maupetit, manœuvre; Charles Maupetit, manœuvre; Annet Gaudry, huilier; François Maupetit, manœuvre; Claude Maupetit, marchand; Claude Maupetit jeune, marchand; Louis Maupetit, propriétaire; Valentin Maupetit, laboureur; Louis Maupetit jeune, propriétaire; Philibert Michot, manœuvre; Pierre Monin, manœuvre; Jean Petit, manœuvre; Jean Poulin, marchand; Jean Thomas, manœuvre; Dominique Trotet, marchand; Mariste Trotet, manœuvre; Etienne Vallot, manœuvre; Jean Valot, marchand; Valentin Valot, manœuvre.

Petit Bourg

Charles Gratté, manœuvre; Pierre Loret, manœuvre; Jean Martin, manœuvre; Louis Thépénier, marchand; Claude Trotet, marchand; Louis Trotet, cabaretier.

Marsiges

Claude Bouziat, marchand; Claude Collemard, marchand; Claude Dagonneau, fermier; Jean Duchemin, manœuvre; Claude Gaudry, propriétaire; Joseph Geoffroy, marchand; Jean Jouvet, charron; François Lejault, laboureur; Joseph Lejault, laboureur; Antoine Loret, manœuvre; Jean Collemard, manœuvre; Léonard Collemard, marchand; Claude Neaudeau, manœuvre; Etienne Neaudeau, marchand; Pierre Pinçonnet, tailleur; Pierre Rougement, propriétaire; Edme Theurin, propriétaire; Etienne Vallot, marchand; Jacques Vannier, fermier.

Aubigny

Léonard Barat, laboureur; Jean Billot, manœuvre; François Bourdeau, tisserand; Eustache Charton, propriétaire; Louis Guyoux, manœuvre; Jean Lyon, fermier; Thomas Millot manœuvre; Jean Petit, locataire; François Rouée, laboureur; Léonard Tramesson, propriétaire.

Ce recensement ne comprend, ni le village des Maures ni celui de Sassignée; il manque donc une dizaine de chefs de famille environ, ce qui porte leur nombre à 121. Nombre à peu près égal à celui des feux, 120 existant au début de la Révolution. A raison de 5 personnes par feu, la population de la paroisse pouvait être de 600 âmes environ. Ce chiffre a été en augmentant jusqu'en 1833, ensuite, après diverses fluctuations il n'a fait que décroître, et rapidement à partir de 1876.

Aujourd'hui, il est à 20 personnes près ce qu'il était il y a un siècle.

Etat comparatif de la population au 19e *siècle.*

Années: 1807, 664 h.; 1814, 650 h.; 1820, 660 h.; 1822, 776 h.; 1833, 839 h.; 1836, 778 h.; 1856, 819 h.; 1861, 793 h.; 1866, 771 h.; 1872, 709 h.; 1876, 792 h.; 1881, 670 h.; 1886, 644 h.; 1891, 613 h.; 1896, 591 h.; 1901, 516 h.; 1906, 464 h.

Autre tableau de la population de la Cne à différentes époques.

Années 1856, 197 ménages, 819 h.; 1876,

187 ménages, 792 habitants; 1906, 162 ménages, 464 habitants.

L'examen du tableau précédent permet de constater que chaque ménage composé de plus de 4 personnes, années 1856 et 1876, en compte moins de 3 en 1906. La diminution de la natalité comme l'abandon de la campagne pour la ville sont sans aucun doute les causes de cette différence. Si l'on n'y remédie promptement, il ne restera bientôt plus à la campagne que les personnes strictement nécessaires à l'exploitation du sol.

Il est aussi à remarquer que la population de Montenoison comprend en général plus de garçons que de filles, mais moins de veufs que de veuves.

La commune comptait:

Années: 1807, 145 filles, 242 garçons, 22 veuves, 13 veufs; 1856, 229 filles, 234 garçons, 34 veuves, 15 veufs; 1907, 79 filles, 108 garçons, 31 veuves, 19 veufs.

Sur les 203 maisons qui existaient en 1861, 189 étaient habitées, 47 étaient couvertes en chaume. Depuis, le progrès s'est fait sentir, le chaume a fait place à la tuile et plus rarement à l'ardoise. Les maisons basses et humides sont de plus en plus rares. Quelques anciennes constructions sont transformées, tandis que les nouvelles, percées de belles fenêtres sont assez exhaussées pour ne pas craindre l'humidité du sol.

L'ameublement, sans être élégant est plus propre que jadis.

Mœurs. — Le caractère des habitants lui-même s'est avantageusement modifié avec le temps, cependant il est impossible de leur reprocher un amour excessif de la vérité, sentiment sans doute dû à la prudence. On ne voit plus, comme jadis, de rixes sanglantes, quelquefois, le jour de l'apport. Le souvenir de l'une d'elles remarquable par sa sauvagerie et la qualité de son instigateur se transmet de génération en génération. Si un combat entre villains était intéressant pour lui il a dû s'apercevoir qu'il est quelque fois prudent pour un gentilhomme de se mettre à l'abri des colères qu'il a soulevées.

L'alimentation est meilleure qu'autrefois sans être recherchée.

Les mœurs sont bonnes, néanmoins les enfants ne sont pas assez surveillés.

On est très superstitieux à Montenoison. La croyance aux sorciers est à peu près générale de même que personne n'entreprendra rien sans avoir consulté la lune et « ses cornes » et même le vent.

Assistance. — Les pauvres sont admis à bénéficier de l'assistance médicale gratuite (20 inscriptions), tandis que les vieillards, infirmes ou incurables reçoivent une allocation mensuelle dont le maximum est fixé à 20 francs. (6 inscriptions).

Maladrerie. — Les soins de l'assistance incombaient jadis à l'hôpital ou maladrerie de Montenoison, hôpital qui ressemblait bien peu à nos hôpitaux actuels car dit un vieil auteur: « *hospitaux et maladreries sont lieux destinés à recevoir, nourrir, loger et traiter malades, passants, pélerins et autres sortes de passants, esquels il y a pitié* ». Cet établissement hospitalier exista comme tel jusqu'à la fin du XVIIe siècle. A cette époque, les pélerins et lépreux étaient si rares que les léproseries ne répondaient plus à leur but; elles ne se maintenaient que pour l'acquit des fondations qui leur étaient imposées.

Aussi, en 1693, Louis XIV en supprima-t-il un certain nombre dans le diocèse de Nevers parmi lesquelles était celle de Montenoison.

Les biens et revenus de l'hôpital de Montenoison furent donnés à celui de Saint-Saulge, qui, en échange, devait s'acquitter des fondations dont elle avait la charge et recevoir les malades de la paroisse.

Le seul chapelain connu et peut-être aussi le dernier est le curé de Julien de Moussy, qui dans un acte de 1667 se donne le titre de « chappelain de l'hospital de Montenoison ».

La maladrerie de Montenoison s'élevait à la place occupée par la maison Lyon. Il ne reste à peu près rien de cet édifice si ce n'est quelques débris de sa chapelle: un chapiteau grossièrement décoré, une tête fruste de marmouset encadrée dans le gouttereau de cette maison.

Si l'on en croit certains auteurs et l'abbé Lebeuf, la léproserie du Bouchet « *Boscheto subter Montem Onisium domus leprosum de Lebeuf* IV, III) à laquelle Mahaut de Courtenay, légua 30 sols en 1257 aurait appartenu à Montenoison et aurait été située sur son territoire ou du moins à une faible distance. Nous croyons que c'est inexact. La léproserie du Bouchet n'était ni près, ni sur le sol de Montenoison, mais elle en était distante de quatre myriamètres environ, dans la commune de Saisy près du village de Néron autrefois dénommé Noison, comme jadis s'appelait et s'appelle encore aujourd'hui, le plus important hameau de Montenoison. C'est peut-être l'homonymie de ces deux villages qui a causé l'erreur.

Disons en passant que les revenus de la maladrerie du Bouchet ont été de même que ceux de la léproserie de Montenoison réunis à la même date à ceux de Saint-Saulge.

Administration civile

Syndics, Maires, Comité de Surveillance

L'administration de la paroisse d'autrefois ne ressemblait en rien à celle de la commune d'aujourd'hui. Elle était primitivement entre les mains d'un juge nommé par le seigneur et à son entière dévotion.

Plus tard, au XVIIe siècle, tous les chefs de famille se réunissaient le dimanche, à l'issue de la messe pour délibérer sur les affaires intéressant la communauté et nommer un syndic quand il y avait lieu. Ce syndic gérait les propriétés communales et donnait son avis sur les affaires. Au lieu d'un conseil municipal il y avait une assemblée générale de tous les chefs de famille dont les décisions étaient malheureusement trop souvent entravées par le subdélégué ou l'intendant qui cassait les élections, nommait lui-même le syndic et le faisait marcher à son gré sous peine d'amende ou de prison.

D'après l'édit donné à Versailles en juin 1787, l'assemblée municipale était composée du seigneur de la paroisse ou de son délégué, du curé, d'un syndic nommé par la communauté et de six membres ou notables choisis par elle et renouvelables tous les ans par tiers.

La population de Montenoison étant comprise entre 100 et 200 feux n'avait droit qu'à six notables.

Le syndic était chargé de l'exécution des décisions de l'assemblée municipale; ainsi que les six membres de cette assemblée autres que le seigneur et le curé, il était élu dans l'assemblée de la paroisse qui se tenait le premier dimanche de septembre à l'issue de la messe paroissiale « Cette assemblée était composée de tous ceux qui payaient dans ladite paroisse, de quelque état et condition ,qu'ils soient 9 livres d'impôts et au-dessus. Le seigneur du lieu et le curé en étaient « exclus ».

Les six membres de l'assemblée devaient réunir les conditions suivantes pour être élus:

« Etre âgés de vingt-et un ans accomplis, être domiciliés dans la paroisse depuis une année au moins, payer au moins 12 livres d'imposition foncière ou personnelle »:

Cette organisation municipale fut changée par la Révolution.

1e *Municipalité.* — Le 14 février 1790, conformément à un décret de décembre 1789 sur la constitution des municipalités les citoyens actifs de la paroisse de Montenoison convoqués au prône et par affiches à la porte de l'église se sont réunis sous la présidence de M. le curé, et, après avoir tous prêtés serment ont élu maire François Lejault auquel ils ont adjoint 1o cinq officiers municipaux: François Chambon, Léonard Danteur, Edme Charton, Jacques Chaufournier, Claude Maupetit, l'aîné; 2o un procureur, Léonard Petit; 3o douze notables: Pierre Goux, Vincent Vannier, Claude Trotet, Jean Dodinot, Claude Larivé, Jean Thomas, Louis Maupetit, Claude Noidot, Jean Geoffroy, Jacques Vannier, Jean Charton et Jean Billot; 3o un secrétaire Joseph Lejault.

C'est à partir de cette époque que le premier magistrat municipal porte le nom de maire.

Comité de surveillance. — En 1792, la municipalité était devenue le conseil général de la commune, le 14 avril de la même année, elle choisit les huits citoyens suivants: Louis

Maupetit, aîné, Jean Chaufournier, Pierre Dameron, Vincent Vannier, Jacques Vannier, François Lejault ,Thomas et Pierre Dagonneau pour former un comité. Deux officiers municipaux Edme Charton et François Lejault, deux notables : Louis Gaudry le jeune et Joseph Geoffroy, choisis aussi par l'administration communale formèrent avec les huit premiers citoyens un comité de Surveillance ou de Sûreté générale avec Léonard Petit comme procureur.

Mairie. — Les réunions qui avaient précédemment lieu au presbytère, se tinrent, à partir de 1792, dans un local loué à cet effet sur l'ordre des administrateurs du district de La Charité dont dépendait Montenoison Le loyer de cette salle de réunion était de 12 livres.

Lors de l'acquisition du bâtiment où sont actuellement les écoles, la municipalité fit approprier pour lui servir de mairie, la grande salle du nord qui fait partie du logement de l'instituteur. Puis la mairie fut reportée où elle est aujourd'hui. Elle se compose d'une salle de six mètres de long sur quatre de large et d'un cabinet pour les archives.

Noms des syndics. Parmi les syndics nous avons relevé les noms suivants :

François Joly, syndic perpétuel 1707-1711.
Philibert Chaufournier 1780.
Maupetit (dernier syndic) 1787-1790.

Maires. Le premier maire a été François Lejault, élu en 1790, après lui viennent :

Léonard Danteur 1792, Pierre Dagonneau 1800, François Chambon 1808, Philbert Chaufournier 1811, François Chambon, 1813, Philibert Chaufournier 1815, Chambon Guillaume 1819, Dagonneau 1827, Chambon Guillaume aîné 1830, Louis-Vincent Vannier 1831, Louis-Vincent Vannier 1834, Martin Jean 1840, Geoffroy Claude 1843, Roy François-Marc 1852, Ferrier Joseph-Emile 1868, Geoffroy Pierre-Noël 1878, Ferrier Joseph-Emile 1884, Danteur Joseph 1888, Grathé Edme 1892. Trameçon Jean 1904, Geoffroy Gaspard-Alexis 1925.

L'Administration judiciaire

La Châtellenie, ses 130 fiefs. Ancienne justice, anciens procès. Baillis, juges et lieutenants. Procureurs fiscaux. Greffiers de la châtellenie. Notaires royaux, notaires au duché. Huissiers ou sergents. Droit de garde. Huissiers et sergents connus. Avoués ou praticiens.

Dès 1121, Montenoison était le chef lieu d'une des 32 châtellenies du Nivernais, elle vient en 8e lieu dans l'acte de l'érection du comté de Nevers en duché (1538), elle comprenait les cantons de Prémery et Brinon, le nord-ouest de celui de Pougues et le nord de celui de St-Saulge avec une petite partie des cantons de Varzy et de La Charité.

Elle venait au sixième rang des châtellenies et comptait les 130 fiefs suivants :

Apiry ; Appeneau ; Arthel, al. Arthe ; Arzembouy ; Aubigny les Montenoison ; Authiou ; Dûne d'Authiou ; Beaulieu ; Beaumont-la-Ferrière ; Beaumont sous Montenoison ; Chameron, al. Chameroux, Cne de Parigny-les-Vaux ; Bois de Borne ; Bourdisseau ; Boulon ; Bourdisseau (Bourdizoe-les-Maures) ; Brinon-les-Allemands ; Brosse (La), al. La Brosse à Chevannes ; Bois de Burty ; Busseaux ; Busssière (La), château ruiné, Cne de Chevannes Changy ; Bussy-la-Pesle ; Giverdy, château ruiné, Cne de Sainte-Marie ; Champandon, Cne de Balleray; Champéroux; Champlin; Champlin (dîme de); Changy (Cne de Chevannes); Chappes (ferme Cne de Guipy); Charmes, lieu détruit de St-Benin-des-Bois; Charnaye, al. Chaume de Nyon; Chaumes de Nyon (les) Cne d'Oulon; Chazeuil; Chemin de Nolay (Cne de Nolay); Chevannes-sous-Montenoison: Chômonerie (La); Corvol Dambernard; Coudray (Bois du); Courcelles, Cne de Brinon; Dompierre-sur-Héry; Epinard, al. Espineau; Essarts (Les); Ferrières; Four Vieux (Le) Fourviel, Cne de Saint-Benin-d'Azy; Gachots (Les); Gipy, Cne de Giry; Mont (Le), Cne de St-Benin-des-Bois; Grenant, hameau et forges, Cne de Beaumont-la-Ferrière; Gué (Le); Guipy, fief, val. de Château-Chinon; Laché, canton de Brinon; Lantilly, Cne de Cervon; Leuzat; Lichy (Bois de); Ligny ou Lurcy-le-Châtel, ancienne paroisse de St-Benin-des-Bois; Loge (La); Lupy, Cne de Balleray; Lurcy-le-Bourg; Luzay; Maison Rouge (La); Marais ou le Grand Marais, Cne de Lurcy; Marciges (Le bois de); Marciges (Dîme de); Marcy; Martangy, Cne de Nolay; Mary; Meix Gibault (Le); Montelet, Cne de St-Sulpice; Michaugues; Migny; St-Benin-des-Bois; Montapas; Montgazon; Montifaut, Cne de Murlin; Montigny, Cne de Giry; Montrye; Motte d'Arthel (La); Mouches al les Mouches; Moulin du Pont de Villaine (Cne de Lurcy); Moussy; Neuilly ou Nully, Cne de Brinon; Neuville, fief vassal de l'évêque d'Auxerre, Cne de Champlémy; Noison; Olcy; Oulon; Paillard (La maison des Paillards) Paneau; Parele ou Parelles, Cne de Nolay; Prepe lez Corvol; Ratilly (Bois de), Cne de St-Benin des Bois; Riauriget; Ronde (La); Rosay, Cne d'Arzembouy; Rouay (Bois de); Usages de St-Benin (Les); St-Bonnot; St-Franchy-en-Archères; St-Germain-des-Bois, fief vassal du Comté de Château-Chinon; St-Martin de la Bretonnière; St-Martin-des-Vaux, l, détruit., anc. parois. Cne de Neuville s./Brinon; St-Révérien, ancien prieuré conventuel dépendant de l'Abbaye de Cluny; Sancy, Cne de St-Franchy; Saugne ou Sauge (Sangué Lurcy); Sauvages; Segangcotte; Serre, Cne de Parigny-la-Rose; Sichamps (Dîme à); Sophin; Sury (moulin de); Taconnay; Ternant (La Motte de) Arthel; Thérat; Thouet, Cne de Champlemy; Thory, Cne de Bussy; Treigny, Cne de Chevannes-Changy; Tremblay (Le) l. détruit Cne d'Oulon; Trinay, Cne de Narcy; Turigny; Vierny; Varenne; Vassy, Cne d'Arzembouy; Vertenay, Cne de Cuncy; Vèvres; Viguier; Villaine, Cne de Lurcy-le-Bourg; Villeneuve, Cne de Lurcy-le-Bourg; Vaunier.

Le seigneur de Montenoison, comme seigneur châtelain avait le droit: « d'avoir marque de justice à trois piliers, sceel authentique pour les contrats avec pouvoir de créer des notaires, avoir en sa terre, prieuré, maladrerie, foires et marchés, droit de bailliage et ressort pour les causes d'appel. »

La châtellenie de Montenoison, fut siège d'un bailliage comprenant: bailli, lieutenant ou juge, procureur fiscal, greffier, huissier ou sergent, notaires, praticiens ou avoués, tous à la nomination, des seigneurs du lieu.

La justice y était rendue par un représentant du bailli du Nivernais, un lieutenant de « chastellenie » qui prenait le titre de bailli; ce lieutenant, supprimé par ordonnance royale en novembre 1563, fut remplacé par un juge ordinaire pour — « connaître de toutes choses en première instance ». Ce juge prit le titre de — « lieutenant de la chastellenie ». — ainsi que le prouvent les actes de l'état-civil de cette époque. Leurs lettres de provision étaient taxées 3 écus.

Les baillis, lieutenants ou juges ordinaires rendaient la justice dans des réunions générales appelées assises et pour les cas particuliers dans les — « jours de bailliage ou jours ordinaires de justice. » Les causes civiles ou criminelles étaient de leur ressort sauf les cas royaux réservés au bailliage de Saint-Pierre-le-Moutier.

Comme hauts justiciers, les seigneurs de Montenoison, avaient le droit de prononcer la peine de mort, celle de la marque et de l'essoullage, de juger toutes causes civiles et criminelles excepté les cas royaux qui relevaient de St-Pierre. Mais ils ne pouvaient prononcer ces peines hors de la justice de Montenoison dénommée — « Montenoison et Chapelle d'Aubigny », — laquelle s'étendait sur les paroisses de Lurcy-le-Châtel et d'Assart.

Rien ne reste pour indiquer l'emplacement des fourches patibulaires, qui, croyons-nous devaients'éleveraux Gibernes. Ce mot Gibernes semble une altération du mot gibet. Nous sommes dans la même ignorance au sujet de la maison de justice.

Toutefois, d'après la tradition locale, la justice se rendait dans une salle du château située sous — « les Cordons » et dont le plancher visible encore il y a un demi-siècle était percé d'une ouverture carrée s'ouvrant sur les oubliettes. A droite de cette salle et au niveau des oubliettes se trouve un profond réduit de plusieurs mètres de long et d'un mètre cinquante centimètres environ de large, éclairé par une étroite fenêtre placée au fond, à une certaine hauteur. Ce réduit construit en fortes pierre de taille aurait servi de prison. (Nous l'avons découvert en 1899.)

En 1664 Jean Barbier était gardien des prisons de Montenoison.

Quelques procès. — 1405. Lettres de rémission : affaire Jean Gyvenot, coupable d'avoir laissé paître des porcs achetés de Bériat de Montenoison, dans les bois de la dame de La Rivière (Bois de Giry).

1553. Le 26 avril. Comparution de Jean Joly de Montenoison contre Philippe Saint Vincent de Nevers.

1563 le 27 nov. Comparution de Loys Courcellat de Champallement contre Jean Lambert notaire à Oulon et Philippe Tallivard marchand à Montenoison. Ils obtiennent congé avec renvoi à l'audience pour régler les dépens, 15 décembre.

1564 le 17 janvier. Philippe Maréchal veuve de Jean Debrie tutrice de ses enfants à Neuvy en Nivernais contre Jean Gabare et Jacques Lauvergnat contre la sentence du juge de Montenoison.

1583. Perrenot Joly de Montenoison contre Pierre Guzard, procureur fiscal à Guipy.

1584. Contre Jean Mouteau, sergent.

1584. Sentence pour le droit d'acquêt au — château de Montenoison — contre dame Bénigne de Rabutin, veuve de noble seigneur François d'Anlezy, dame d'Huban Espeules et Montapas, au nom de ses enfants.

1619. Claude Le Cour accusé du crime de sortilège et maléfice est condamné par le juge de la châtellenie de Montenoison à une peine fort grave car le défendeur en fait appel au Parlement. On ignore le résultat de cet appel. Peut-être fut-il condamné au bûcher comme trois autres Nivernais : Clémence Pillard, Pierre Ferry et Jeanne Pommaille, accusés du même crime et exécutés soixante ans auparavant.

1655. Me Jean Corcelat, prêtre curé de Montenoison contre Jean Taillevard, lieutenant dudit Montenoison.

Baillis, lieutenants ou juges.

Parmi les baillis, lieutenants ou juges de la châtellenie de Montenoison, nous avons relevé les noms suivants que nous avons fait suivre du titre accompagnant les noms.

? Claude de La Rivière, seigneur de Giry.

1486, le 3 janvier, Jean de La Rivière, est nommé au bailliage de Montenoison par suite de la démission du précédent son cousin.

1543, 1570. Guillaume Rapine, lieutenant du bailli du Nivernais au siège de Montenoison.

1608 Jean Talvard, lieutenant de la châtellenie ; 1619 Mathieu Girard, avocat au bailliage de Nivernais et juge ordinaire de Montenoison ; 1621 Jacques Talvard, lieutenant ; 1655 Jean Taillevard, lieutenant du duché à Montenoison ; 1689 Jean Chaufournier, lieutenant ; 1695 Jean Chaufournier, lieutenant et avocat au parlement et juge ordinaire de Sophin et d'Arthel ; 1722, 1730 Paul Grignard juge de la châtellenie et de Champallement.

Procureurs fiscaux (Leurs lettres de provision étaient taxées 2 écus).

1610 Jean Barbier ; 1615 Etienne Barbier ; 1657 Etienne Barbier ; 1665 Etienne Barbier ; 1668 Jean Chaufournier ; 1669 Etienne Barbier ; 1690 Etienne Barbier, procureur d'office ; 1715 Jean Lejault ; 1720 Jean Lejault.

Greffiers de la châtellenie. — 1609 Jean

Garnier; 1620 Edme Gaudinot; 1675 et 1682 Louis Nandrot; 1694 Charles Nandrot; 1702 Gorget.

Notaires

1° *Notaires royaux.* Les notaires étaient de deux sortes: les notaires royaux et les notaires au duché.

Les offices de notaires royaux des provinces furent vendus par édit de 1597 sous le titre de notaires, garde-notes, garde-scel et tabellions héréditaires. L'édit de 1706 ayant supprimé les offices de « garde-scel » ordonna que dorénavant les notaires royaux auraient chacun un sceau » aux armes du roi pour l'apposer eux-mêmes sur ceux de leurs actes qui y seraient sujets; quatre offices se trouvèrent donc réunis en un seul.

Les notaires royaux avaient le droit de porter la robe et le bonnet carré, de conserver leur noblesse quand ils ont été faits notaires étant nobles, d'être exemptés du logement des gens de guerre (Edit de mai 1575), de tutelle, curatelle et de toutes autres charges publiques qui pouvaient les détourner de leurs fonctions, ils avaient encore le droit de préséance sur les procureurs.

Ils jouissaient chacun dans leur district; 1° du droit exclusif de passer tous contrats et actes volontaires, 2° de recevoir en dépôt, au rang de leurs minutes tous testaments ou codiciles olographes ou autres actes dont on voulait les rendre dépositaires. Ils ne pouvaient instrumenter que dans l'étendue de la juridiction dans laquelle ils étaient établis et immatriculés, quelquefois même ils ne pouvaient instrumenter que dans une partie de cette juridiction, mais non dans le district d'un autre notaire, sous peine de voir leurs actes annulés, de payer des dommages intérêts aux parties intéressées et le quadruple des émoluments touchés (Edit. de 1543).

L'ordonnance d'Orléans (1560), qui réduisait les notaires royaux à un nombre certain, limité d'après l'avis des juges ordinaires des lieux resta lettre morte. Leur nombre ne fut réglé que par l'édit de 1664 qui le fixa ainsi, vingt pour les villes capitales, — dix pour celles où il y avait bailliage ou sénéchaussée, — quatre seulement pour celles où il y avait une prévôté, — deux pour les bourgs où il y avait foires et marchés et — un seul pour les paroisses au-dessus de soixante feux. Montenoison était de l'avant dernière catégorie.

Ces notaires devaient payer 3 livres à l'hôpital général de Nevers lors de leur entrée en fonctions.

2° *Notaires au duché*. — Les notaires au duché étaient nommés par les ducs. Les seigneurs châtelains ou ceux qui étaient encore plus haut titrés avaient eux-mêmes des notaires dont les fonctions ne différaient en rien de celles des notaires royaux, leurs districts étaient les mêmes. Ils ne jouissaient pas de privilèges, néanmoins on les vit exemptés du logement des gens de guerre, de tutelle, de curatelle et conserver leur noblesse s'ils sont nobles, mais alors ils ne doivent pas se livrer à une profession réputée vile, même sous prétexte qu'ils ne pouvaient subvenir à leurs besoins en ne faisant que des actes.

Pour vivre, quelques-uns étaient dans l'obligation de cumuler leurs fonctions avec d'autres occupations, certains sont procureurs, sergents, avoués, etc.

Les notaires au duché payaient un droit à l'hôpital général de Nevers, lors de leur entrée en fonctions, fixé à « une livre dix sous »

La châtellenie de Montenoison eut simultanément « deux notaires royaux » et « deux notaires au duché ».

Parmi eux nous avons pu relever les noms suivants :

1543, Jean Barbier, garde du soel ; 1543, Mathurin Milon, clerc notaire juré ; 1618, Jean Garnier ; 1656-1680, Louis Nandrot, notaire royal à Noison ; 1669, Marit Gorget, notaire au duché, bailli de Saint-Révérien, demeurant en la paroisse de Montenoison ; 1688, Jean Chaufournier, notaire royal ; 1695, Jean Dodier, notaire au duché ; 1697, Gilbert Gaulon, notaire royal ; 1699, Jean Geoffroy, notaire royal ; 1702, 1716 Marit Gorget, notaire au duché à Noison ; 1717 Dugué François, notaire royal ; ? Philibert Gaulon, notaire royal ; 1727 Me Paul Grignard, praticien à Champallement est nommé notaire royal à Montenoison en remplacement de feu Me Philibert Gaulon ; 1738, Jean Lejault ; 1758, le 30 avril, Alban Berle, bailli de Saint-Révérien est nommé notaire royal à la résidence de Montenoison ; 1777, Jean Lapertot, notaire royal à la châtellenie de Montenoison ; 1787 le 30 janvier, réception de César Annet Robin, notaire royal à la résidence de Montenoison.

Actuellement, la commune de Montenoison n'a pas de notaire, ses habitants ont recours au ministère des notaires voisins.

Huissiers ou sergents. Ainsi que les notaires, les huissiers étaient de deux sortes : les huissiers royaux ou sergents et les huissiers au duché suivant qu'ils tenaient leur charge du roi ou du duc.

Dans le Nivernais, les sergents avaient droit

de — « recevoir et mettre à effet, les mandements du juge et même de saisir une chose féodale », — tandis que la coutume de Bourgogne leur assigne le modeste rôle de garde champêtre.

Nous voyons, en 1331, Louis, comte de Flandre et de Nevers, réduire le nombre — effréné — des sergents qui avaient été créés par lui ou ses baillis à la — « grande charge et foule » — de ses sujets dans le comté de Nevers et la baronnie de Donzy.

Un demi-siècle plus tard, ils devaient être encore en nombre plus que suffisant, car le 23 août 1384, le roi Charles VI rappelle que le nombre des sergents avait été — « *autrefois ordonné être huit en Nivernais et quatre en Donziais* ».

Les comtes de Nevers avaient la garde des biens ecclésiastiques situés sur leurs terres. Ce droit leur fut reconnu à la suite de nombreuses contestations par une charte donnée à Paris au mois d'octobre 1335 instituant deux ressorts pour leur justice, l'un à Clamecy, l'autre à Montenoison, avec un sergent, gardien pour — « chacun ressort ».

Les sergents au duché payaient une livre dix sous à l'hôpital général de Nevers lors de leur entrée en fonctions. En général, tous les officiers des châtellenies payaient trois livres au même hôpital.

Huissiers ou sergents connus. — 1543, Joly, sergent; 1584, Jean Mouteau, sergent; 1610 Joly; 1695, Augustin Loret, huissier au duché; 1699 Rebarbe, huissier royal; 1700 Louis Paris dit Darcy, tué d'un coup de feu à Arzembouy; 1706 Pierre Garnier, huissier à la châtellenie; 1707 Augustin Loret, huissier au duché; 1707 Pierre Louault, sergent à

Noison; 1709 Augustin Loret, huissier et collecteur de la paroisse de Montenoison, tué d'un coup de fusil dans le bois des Chaumes, par deux habitants de Moussy qui furent condamnés à 9 ans de galères, le 31 juillet 1709; 1718 Pierre Louault, huissier de la terre de Montenoison; 1725 Augustin Loret, huissier au duché; 1719-1738 Jean Lejault, huissier au duché à Marsiges; 1768 Louis Nandrot, huissier royal à Montenoison; 1780 Louis Nandrot, huissier à Montenoison.

Pendant la Révolution, Montenoison eut encore un huissier. Le 12 thermidor an III (30 juin 1794) sur le rapport du comité de surveillance et après avoir entendu l'agent national, le maire et les officiers municipaux nomment François Chaufournier, huissier de police moyennant 5 sols par citation payés par les délinquants.

Avoués ou Praticiens. — 1611 Jean Prinse. 1616 Léonard Garnier; 1616 Jean Garnier; 1621 Edme Gaudinot; 1693-1710 François Joly; 1695-1704 François Aupépin; 1695-1699 Marit Gorget; 1732 Mort de François Voileau, le jeune praticien du ban et de la châtellenie de Montenoison.

Par suite du décret du 15 janvier 1790 qui divisait le département en 9 districts. Montenoison était du district de La Charité et du canton de Prémery.

Depuis le 29 fructidor an IX (16 septembre 1801) Montenoison fait partie de l'arrondissement de Cosne malgré quelques tentatives infructueuses pour la rattacher à Nevers; elle dépend de la justice de paix de Prémery, du tribunal civil et criminel de Cosne, de la cour d'assises de Nevers et de la cour d'appel de Bourges.

Le maire aidé du garde champêtre est chargé de la police municipale, ce dernier fonctionnaire est établi légalement depuis l'an III. Son salaire annuel s'élève à 320 francs.

Instruction

En parcourant les registres de l'état civil de la seconde moitié du XVIIe siècle, on trouve un assez grand nombre d'actes signés par des personnes ayant assisté à des baptêmes, mariages ou inhumations, ces signatures semblent démontrer que l'instruction était assez répandue à Montenoison et que quelqu'un instruisait les enfants. Etait-ce le curé ou un instituteur? mais vu l'importance de son bénéfice, le curé devait laisser ce soin à un instituteur.

C'est en 1780 que, pour la première fois, nous trouvons mention — « d'un maître d'école » — à Montenoison. Un instituteur a toujours résidé dans la commune à partir de cette époque; même pendant les plus mauvais jours de la Révolution, l'instruction des enfants n'était pas abandonnée, car nous possédons un — « Rôle des Enfants pour l'instituteur de la commune de Montenoison » — dressé l'an III. Il comprend les 64 inscriptions suivantes:

Eustache Trotet; Marie Trotet; François Maupetit; Marie Valot; Antoine Gout; Augustin Dagonneau; J.-P. Dagonneau; Marie Dougny; Anne Gaux; Valentin Chambon; Léonard Coursié; Pierre Gaudry; Léonard Gaudry; Gilles Gillet; Edme Belvô; Chaufournié; Vincent Gilet; Guillaume Chambon; Claude Matrie; Benoît Maupetit; Marie Antoinette Bernot; Jacques Trotet; Jean Petit; Anne Danteur; Marit Garit; Anne Trotet; Jacques Petit; Marie Gaudry; François Petit; Madelon Tupigné; Anne Vagné; Marie Trotet; Jean Gilet; Manon Madeleine; Louise Gaudrie; Marie Jeanne Trotet; Marie Bonhomme; Claude Barbarin; Pierre Thibaudat; Valentin Loret; Jean Trotet; Claude Trotet; Madeleine Trotet; Madeleine Toupiqué; François Pluchot; Claude Larivet; Pierre Léveillé; Etienne Durand; Anne Maupetit; Marie Garit; Aimée Charton; Agathe Danteur; Jean Sandron; Claude Matrie; Guillaume Bouchetard; Pierre Gilet; Guillaume Trotet; Louis Maupetit; Jean Larrivé; Edme Guiatté (Gratté); Claude Guiatté (Gratté) Jean Quartier; Claude Arnault.

Néanmoins l'instruction semble avoir été fort négligée pendant la période révolutionnaire et tout autant pendant l'épopée impériale.

Instituteurs. — Le premier instituteur connu est Râteau, 1779-1797, puis virent ensuite Rameau; Delarue Pierre, 1827; Delorme, 1834; Delarue Pierre, 1835; Febvre Honoré-Charles, 1836; Bornet Joachim, 1844; Charlon, 14 janvier 1861; Bezou Jacques-Emile, décembre 1861; Pompon Léonard-Agnan, mars 1865 à janvier 1869.

Cette même année une école de filles ayant été créée Montenoison fut un poste double occupé successivement par Mme et M. Rignault Jacques-Julien — « lors de son installation, M. Rignault prêta par devant, M. le maire serment de fidélité à l'empire); Mme et M. Cornu Michel, octobre 1872; Mme et M. Laudet, septembre 1875; Mme et M. Darteyre, septembre 1879; Mme et M. Lenoir, octobre 1882; Mlle et M. Relut, avril 1885; Mme et M. Baillot, 1887; Mme et M. Licot, 1888; Mme et M. Mougnot, octobre 1894; Mme

Beaume 1920 (un poste est supprimé); Mlle Vincent Louise 1921.

Ecoles. — Les écoles sont propriétés communales depuis 1874, auparavant la classe se faisait dans des locaux loués par la conseil municipal. L'un deux, ancienne maison d'un notaire royal a fait place à une mare dans la cour Gobet; un autre est devenu la maison Monin. En 1834, l'école était installée par la municipalité dans la maison nº 271, section C. du plan cadastral et située à droite du chemin de Montenoison au Petit Bourg. Huit ans plus tard, l'école était transportée dans la maison nº 140 de la section C, moyennant un loyer annuel de 53 fr. à 60 fr. Ce local trop étroit pour les élèves qu'il recevait est séparé de l'ancien presbytère par la ruelle qui conduit à la Butte. Les enfants des deux sexes y furent réunis jusqu'en 1874. Un bâtiment d''exploitation acheté à cette date par la commune était transformé en écoles malsaines, mal éclairées et à peine suffisantespour le nombre des élèves qu'elles recevaient, « 80 en 1894 ». Elles ont pour dépendances deux cours sans préaux, mal exposées et deux jardins à la disposition du maître.

Le logement est composé de quatre pièces d'inégale grandeur et très humides.

Une bibliothèque garnie de quelques ouvrages de lecture en médiocre état et assez peu intéressants est à la disposition des enfants et des familles qui n'en abusent pas.

Les enfants vont bien à l'école, mais si les parents s'en « débarrassent », le plus tôt possible, ils les retirent aussi de bonne heure et ne secondent pas assez le maître qui voit ses efforts paralysés par la coupable indifférence des familles.

Malgré cette regrettable insouciance, les résultats obtenus peuvent être considérés comme satisfaisants car cette école comptait une moyenne de quarante élèves et a donné de 1895 à 1908: « une bourse d'enseignement primaire supérieure et soixante huit certificats d'études primaires.

Le niveau intellectuel s'est cependant élevé grâce au dévouement des instituteurs qui ont exercé dans la commune.

Administration religieuse

(Ancienne)

Paroisse. Eglise. Chapelles de Montenoison, Noison, Aubigny, de la maladrerie. Sépultures privilégiées. Cimetière. Presbytère. Revenus de la cure en 1790: *(dîme, fondation, quête, droit de lit, passion.)*

Paroisse. — L'origine de Montenoison comme paroisse semble remonter aux premières années du XIIe siècle. L'historien Guy-Coquille cite son église parmi les vingt-six données aux chanoines de St-Cyr 1130.

La paroisse de Montenoison était en 1287, de l'archiprêtré de Prémery et payait à cette époque tous les deux ans une queste de 30 sols à l'évêque de Nevers comte de Prémery; mais en 1715, elle était de celui de Lurcy-le-Bourg. On trouve cette indication dans un pouillé de la même année conservé aux Archives de la Préfecture.

Eglise paroissiale. — L'église paroissiale est au centre de la montagne dont l'illustre Cassini fit choix comme d'un point nécessaire à la triangulation de la carte de cette partie de la France. Actuellement le point trigonométrique est sous le clocher. Cette église, orientée est sous le vocable de la Ste-Vierge, il en est question pour la première fois en 1121 dans la cartulaire de St-Cyr où elle est désignée « Eclesiae Sanctae de Mariae de Montenesio ».

Un violent ouragan l'ayant détruite en partie, une somme de 9721 fr. 86 fut employée aux réparations nécessaires.

Cette restauration permit d'ouvrir deux fenêtres dans le côté nord qui n'en possédait aucune. Des terres qui l'entouraient jusqu'à hauteur des fenêtres ont été enlevées à l'occasion de ces travaux. Ce déblaiement mit à découvert quelques tombes en grès tendre dont il ne reste absolument rien.

La façade masquée par un clocher carré du XVIe siècle et sans caractère offre un portail romain en saillie formé de deux archivoltes cintrées fort simples, onglées de moulures retombant sur des colonnades à chapiteaux grossiers sous lesquels s'ouvre une baie en anse de panier.

L'église maladroitement refaite en grande partie en 1682 et réparée en 1835 comme nous l'avons déjà dit ne présente aucun caractère, ni à l'intérieur ni à l'extérieur. Seuls, les fonts baptismaux du XIIe siècle ainsi que les trois autels méritent d'être signalés.

Le Maitre autel offre sous des arcatures cintrées J. C. et les évangélistes tandis que les deux autres autels sont simplement décorés d'arcatures.

Le premier autel est surmonté d'un tableau offert par le prince de Châlais, représentant l'Assomption.

On remarque au milieu de l'église une dalle portant une croix fleurdelysée du moyen âge dont on ne peut lire l'inscription.

Des débris de tombes aux inscriptions illisibles ou écussons plus qu'à demi effacés se voient et permettent de croire que d'autres pierres funéraires ont dû être brisées lors du dernier dallage de l'église.

Le clocher, nous l'avons déjà dit, ne présente aucun caractère, on y accède par un mauvais escalier en bois de construction tout à fait primitive. Il contient deux cloches. L'une du poids de 1.100 kilos, date de 1623; son parrain fut Charles de Gonzagues de Clèves, duc de Nevers, seigneur de Montenoison et sa marraine, Jeanne d'Albret, femme du précédent. L'acte du baptême est du 3 mai 1623. L'autre est un don du prince de Chalais, elle pèse 600 kilos et a coûté 2.100 fr. Conformément aux intentions du donateur, deux enfants de la commune furent parrain et marraine. L'un Bornet Jean-Rémy-Eugène, était fils de l'instituteur et l'autre Aurélie Maupetit était du village de Noison. La bénédiction de cette cloche eut lieu le 2 août 1868. Seule, la première est donc l'une des trois cloches que possédait Montenoison à la date du 7 mai 1793. Les deux autres dont l'une était fêlée, furent enlevées pour les besoins nationaux.

Pendant la Révolution, l'église reçut la dénomination de « Temple Décadaire ».

Chapelle de Montenoison. Adossée à l'est de l'église une chapelle détruite depuis de nombreuses années occupait l'emplacement de la sacristie actuelle, élevée en 1899 par le soin du desservant de l'époque, M. Alexandre Barbier avec les revenus de l'ancienne fabrique. On ignore si c'est cette chapelle qui fut bénite en 1719 et dénommée « chapelle du bourg de Montenoison ». Je ne le crois pas.

La nécessité de cette chapelle à côté de l'église ne se comprend pas, tandis que sa création dans le village même avait sa raison d'être pour éviter aux curés tous âgés, et à leurs fidèles l'escalade de la montagne pendant la mauvaise saison.

De l'une de ces deux chapelles, on peut voir encore les côtés d'une fenêtre. Ils forment les deux côtés de l'âtre supportant le montant de la cheminée dans la maison Séguin. A cela, il faut ajouter des fûts de colonnes qu'on remarque devant certaines maisons du village.

Chapelle de la maladrerie. Le bourg de Montenoison eut encore une autre chapelle : celle de la maladrerie, affectée primitivement au seul service des lépreux. Ceux-ci, malgré leur répugnante maladie n'étaient pas privés du secours de la religion. Il ne reste rien ou à peu près de la chapelle de l'hôpital de Montenoison, si ce n'est un chapiteau grossièrement décoré et une tête fruste de marmouset encastrée dans le gouttereau de la maison Lyon. Son petit cimetière a disparu, son emplacement n'a été indiqué que par les nombreux squelettes mis à découvert, en réparant le chemin de la montagne.

Chapelle de Noison. Jadis, le village de Noison possédait une chapelle détruite depuis plusieurs siècles. Elle s'élevait à l'endroit nommé « Place de la Chapelle ». Il n'en reste aucun débris. Les nombreux ossements humains que recèle le sol de cette place, nous indiquent que le cimetière était contigü à la chapelle suivant l'usage.

Le village d'Aubigny, jadis très important

avait lui aussi une chapelle. Elle est mentionnée sur la carte de Cassini.

Sépultures privilégiées. — Jusqu'en 1709, l'église de Montenoison servi concurremment au cimetière de lieu d'inhumation. Etre enterré dans l'église était un privilège accordé aux personnes qui avaient fait de leur vivant ou par testament quelques donations en faveur de l'église.

Les personnes inhumées dans l'église sont assez nombreuses, voici les noms de celles dont mention est faite dans les registres de l'état civil.

1693, 9 novembre, femme de Jean Coulmar; 1693, 12 novembre, veuve Lechauve, de Noison; 1700, 18 novembre, Jacques Barbarin; 1701, 5 janvier, Marie Garnier; 1694, 20 janvier, Marette p.?; 1694, 23 janvier, le vieux Piot; 1694, 26 mars, Valentine Raquin; 1694, 2 mai, Jean Driau; 1695, 9 mars, Claire Vacher; 1697, 5 février, honnête femme Louise Nandrot, femme de Louis Paris; 1697, Louise Louault; 1698, 6 août, Eugène Gorget; 1699, 16 octobre, Léonard Barbarin; 1700, Jeanne Loret; 1700, Louis Gorget; 1700 28 avril, Jeanne Loret; 1700, 23 mai, Marie Loret; 1700, 6 juin, Louis Paris, dit Darcy; huissier tué d'un coup de feu, paroisse d'Arzembouy; 1700, 28 juin, Eustache Loret; 1700, 28 juin, Philibert Gaulon; 1700, 14 juillet, Marie Bouziai; 1705, 4 août Charles Petit; 1705, 18 octobre, Pierre Paris; 1705, 22 octobre, Laurent Paris; 1705, 23 octobre, Jean Paris; 1702, 4 mars, père du curé Barbier; 1702, 27 juillet, Mathieu Nyodet; 1702, 6 août, un enfant baptisé sur le ventre de sa mère; 1703, 5 juin, Jeanne Danteur; 1703, 23 septembre, Claude Vallot; 1703, 30 septembre, Jean Danteur; 1704, 25 janvier, Barbe Bouziat; 1704, 29 janvier, Etienne Nyodot; 1704, 8 février, François Lejault; 1704 10 novembre, Jean Nyodot; 1705, 2 janvier, Léonard Aupépin; 1705, 2 janvier, Louise Gilet; 1705, 8 janvier, Françoise Talmard, femme de François Aupépin; 1705, 2 janvier Barbarin; 1705, 12 avril, Valentin Maupetit; 1705, 18 avril, Jeanne Brenet, femme Louault; 1705, 3 juin, Etienne Loret; 1705, 30 juin Barbe Coulmard; 1705, 2 novembre, Léonard Gilet; 1709, 16 janvier, Sébastien Laurent; dans la tour du clocher.

A l'exception des enfants qui mouraient peu de temps après leur baptême, et qui eux aussi étaient enterrés dans l'église, mais auprès des fonts baptismaux, tous les autres défunts étaient conduits au cimetière.

Cimetière. Le cimetière d'une superficie de 14 ares 50 est au midi et à l'est de l'église. Il ne contient aucune tombe digne de remarque On n'y voit aucune trace de la sépulture des anciens seigneurs du lieu dont les tombeaux parait-il, étaient dans l'abbaye de Bourras qu'ils avaient fondée.

Presbytère. Le presbytère est propriété communale depuis le quatre novembre 1787. Il fut acheté aux frères Dagonneau, marchands et fermiers à Moussy pour 3400 bas plus 50 livres d'épingles à la demoiselle Bataille, bourgeoise, de Vassy, ancienne propriétaire de cet immeuble. Cette propriété fut complétée le 26 mai 1788 par l'acquisition, que Septier de Rigny, alors curé de Montenoison, fit de trois écuries et d'une grange enclavées dans le terrain précédemment acheté et appartenant comme lui aux frères Dagonneau. Ce dernier achat coûta 2.500 livres.

Le curé actuel paie 75 fr. la location annuelle du presbytère, impôt compris.

Revenus de la cure de Montenoison. Ils comprenaient la dîme, un fonds de cure et les propriétés de la fabrique, ils formaient une somme assez importante à en juger par le procès-verbal suivant dont l'original appartient aux archives communales.

« 1o Le sieur curé de Montenoison est pres-
« que seul décimateur à Montenoison, cette dix-
« me est l'objet le plus essentiel de son bé-
« néfice, il estime cette dixme jointe à 412
« journauts de rompies et novalles la som-
« me de 950 livres, sur quoi il paie 20 livres
« à Monsieur le commandeur de Biches à
« raison du droit qu'il a dans ladite dixme.

« 2o Le sieur curé a un tiers de la dîme
« d'Aubigny, hameau de sa paroisse, les deux
« autres tiers appartenant à Mme l'Abbesse
« et Monsieur Saint-Martin de Nevers, il es-
« time sa portion de dixme jointe à 209
« journaux de rompies et novalles la som-
« me de 18 livres.

« 3o Le sieur curé a un quart de la dîme
« de Noison, hameau de sa paroisse, moyen-
« nant 22 livres qu'il paye annuellement au
« seigneur d'Arthel conformément à une tran-
« saction passée entre les seigneurs d'Arthel
« et les curés de Montenoison en 1634, plus
« 30 boissots de bleds et 30 boisseaux d'or-
« ge que lui doivent annuellement les trois
« autres los décimateurs (seigneur d'Ar-
« thel, curé d'Arthel et duc de Nivernais.
« Le curé d'Arthel devait dire une messe cha-
« que mercredi de carême pour recevoir le
« quart de la dîme, soit 250 livres). Il esti-
« me en sa qualité de curé sa dite portion de

« dixme jointe à 232 journaux de rompies « et novalles, la somme de 250 livres.

« 4° Le sieur curé de Montenoison a la « dixme entier de Marsiges, hameau de sa « paroisse, laquelle dixme est de fondation; « il est obligé pour l'acquet de cette fon- « dation de dire toutes les semaines deux « messes de Requiem pour Messieurs d'Ar- « mes, seigneur de Moussy et Bussot, plus « trois messes hautes tous les quatre temps « de l'année, plus un répons des morts tous « les dimanches de l'année avant la messe « paroissiale — plus enfin un liberas — un « de profundis et quatre oraisons, tous les « les jours de l'année. Les prières quo- « tidiennes sont répétées deux fois tous les « jours que l'on dit la messe à leur inten- « tion, il estime cette dixme 500 livres. (Transaction du 3 novembre 1688, entre Antoine François César d'Armes, réclamant et Eustache Seguin, curé de Montenoison réglée par Edouard, évêque de Nevers, en tournée à Champlin qui donne la dixme de Busseau appartenant au curé de Montenoison, mais qui ne peut acquitter la fondation, à Martin, curé de Moussy).

« Plus ledit sieur curé possède en fonds « de Cure 4 chariots de foin en prairie et « un petit pré dont il évalue le total à 80 « livres.

« Plus un petit bois de 6 arpents qu'il « évalue 30 livres, plus enfin un petit ter- « rain chargé de quelques fondations qu'il « évalue la somme de 100 livres. La fabrique « de Montenoison a un petit terrain chargé « aussi de fondations évaluées 30 livres, plus « un petit pré qu'il évalue 36 livres, au to- « tal 66 livres.

Report des sommes ci-dessus :

Montenoison	950
Aubigny	180
Noison	250
Marsiges	500
Pré	80
Bois	30
Terrain	100
Total	2090

« Je certifie la présente déclaration conforme et véritable et qu'il n'est point à ma « connaissance depuis que je suis curé de « ladite paroisse, qu'il n'ait été distrait au- « cuns papiers et titres concernant ledit bé- « néfice. Signé : Septier de Rigny, curé de « Montenoison.

« Pour copie conforme, le Secrétaire gref- « fier. Signé : Lejault ».

La déclaration ci-dessous des revenus de la cure de Montenoison pour 1790 faite le 12 mars 1791 est très intéressante par les détails qu'elle nous donne.

« Compte que rend le Sieur Septier, curé de Montenoison pour les revenus de la cure de 1790 à MM. les Administrateurs composant le Directoire du district de La Charité.

Recette

« 100 douzaines de froment qui ont ren- « dus 500 boisseaux ; mesure de Prémery « à 4 l. 5 s. le boiss. 2125 livres ; 63 douz. « d'orges qui ont rendus 441 boiss. à 2 l. 5 s. « le boiss. 992 l. 5 s. ; 12 douz. d'avoine, 96 « boiss. à 1 l. 5 s. le boiss., 120 l. ; 90 douz. « de fais de paille à 3 l. la douz., 270 l. ; « pour les bons grains, pois, fèves, chanvre, « chenevis estimé environ 450 l. ; un petit

« terrier, 138 l.; 7 chariots de foin, 84 l.; Total de la recette, 4179 l. 5 s.

Dépense

« Le sieur curé a payé aux codécimateurs « de sa paroisse dont le détail fait la som- « me de 508 livres ,ainsi qu'il est expliqué ci- « après:

« A Mme l'Abbesse de Nevers 212 l.
« Au sieur curé d'Arthel 124 l.
« Aux cy-devant chanoines réguliers de « Nevers 30 l.
« Au Commandeur de Biches 20 l.
« Au cy-devant duc de Nevers 100 l.
« A M. de Quincy 22 l.
« Total 508 l.

« Pour battages payé 320 journées à « 15 s. fait la somme de 240 l.

« Payé 128 boisseaux, moitié froment, « moitié orge et voituriers de la dite dix « me pour les frais d'exploitation soit de « la dite dixme et de la fauchaison dont « le détail fait la somme de 416 l. « ainsi qu'il est expliqué cy après

« Payé aux dixmeurs et voituriers de « la dixme de Montenoison, 64 boisseaux « de blé à 4 l. 5 s. le boisseau fait la « somme de 272 l.
« plus aux mêmes 64 boiss. d'orge à « 2 l. 5 s. le boiss. fait la somme de 144 l.
Total 416 l.

« Rapport des sommes données soit aux « codécimateurs, soit aux dixmeurs, voituriers « batteurs pour tous les frais d'exploitation

« Aux codécimateurs 508 l.
« Aux dixmeurs, voituriers 416 l.
« Aux batteurs 240 l.
Total des charges 1164 l.

Résultat du présent compte

« La recette monte à la somme de
4.197 l. 5 s.

« La dépense à celle de 1164 l.

« Partant la recette excède la dépense
« de 3015 l. 5 s.

« Vu que le sieur curé acquitte une fonda-
« tion dont il ne peut produire le titre. L'ho-
« noraire de la dite fondation consiste en
« une dixme qui fait portion de la somme
« de 3.015 livres 5 sous énoncée ci-dessus.
« Ledit sieur curé accepte purement et
« simplement le minimum à lui accordé par
« les décrets de l'assemblée nationale et de
« plus la moitié de l'excédent plus se fait ré-
« serve des feuilles d'un bois taillis âgé de
« 12 à 13 ans, contenant 8 arpents envi-
« ron pour être payé lorsque ledit bois sera
« vendu et en proportion du prix de l'âge
« qu'il aura, lors de la vente ».

Le traitement dû à M. Septier fut réglé par la délibération suivante prise par le directoire du district de La Charité le 25 mars 1791.

« Vu le compte présenté par le sieur Jean
« Septier, curé de Montenoison des revenus
« des biens de sa cure qu'il a régis en 1790
« Le certificat de la municipalité de Mon-
« tenoison en date du 12 mars 1791 qui at-
« teste la sincérité dudit compte.

« Le procès-verbal de la municipalité qui
« constate que le dimanche 6 février 1791,
« en l'église paroissiale à l'issue de la mes-
« se et en présence du conseil général de
« la commune et des fidèles assemblés, ledit
« sieur Septier a prêté le serment prescrit
« aux ecclésiastiques fonctionnaires publics.

« Après avoir calculé le dit compte d'où il « résulte que la recette monte à la somme de « 4179 l. 5 s. et la dépense à celle de 1164 l. « partant que le revenu net de ladite cure pour « l'année 1790 est de la somme de 3015 livres « 5 sous.

« Le Directoire du District de la Charité « considérant.... oui M. le Syndic estime qu'en « conséquence de l'option exprimée par le- « dit sieur Septier au bas dudit compte, il « lui revient pour son traitement de 1790 1°, 1200 livres; 2°, 907 livres 12 s. 6 d. Total 2107 l. 12 s. 6 d.

« Fait à La Charité, le vingt cinq mars mil « sept cent quatre-vingt onze par les admi- « nistrateurs composant le directoire de La « Charité. »

Ont signé: Leblanc de Lespinasse vice-président; Dumény fils, Jousselin, Bernot, procureur syndic, Guillerault le jeune, secrétaire.

De la situation pécuniaire des curés de Montenoison, au point de vue dîme, il ne faut pas croire que leurs confrères étaient tous aussi bien pourvus, ce serait une erreur. La plus grand nombre d'entre eux n'étaient pas plus privilégiés que le curé de Lurcy-le-Bourg qui recevait:

(La dîme appartenait au prieur de Lurcy). 300 livres en argent; 15 livres en novalles 12 livres de casuel.

Droit de passion. — Le grain de la dîme n'était pas le seul recueilli. Le curé de Montenoison dans sa paroisse, d'ailleurs comme ses confrères dans les leurs, percevait, le « droit de Passion qui devait lui rapporter annuellement une respectable quantité de blé. Il produisait ici, une douzaine d'hectolitres de blé, il y a quelque vingt cinq ans. Ce droit était la rétribution payée en blé au curé de la paroisse pour la passion qu'il récitait à la messe quotidienne pour obtenir d'abondantes récoltes.

Cette rémunération devait être libre et non taxée par le principal intéressé, même s'il la jugeait trop maigre. Nous trouvons cette indication, dans une sentence du 28 août 1750 rendue en faveur de plusieurs habitants de la paroisse de Montigny-sur-Canne, contre leur prêtre auquel il est défendu de « *rien exiger* », des habitants de ladite paroisse pour raison du droit de Passion — mais permis seulement ce qui lui sera volontairement donné ».

Quête (droit de). — La dîme et la passion ne constituaient pas l'unique source des revenus de la cure de Montenoison. Il serait peut-être juste d'y ajouter le casuel. De plus, si nous nous en rapportons à une sentence rendue en 1270 par l'Official maintenant. « *Le sieur prieur curé de Guipy dans sa possession de recevoir de chacun de ses paroissiens un denier d'offrande les jours de grande fête et condamne le sieur Séguin à lui payer 3 deniers pour son offrande de la Circoncision, de l'Epiphanie et de la Purification lors dernières avec 2 sous de dommages et intérêts* ».

L'offrande qui était obligatoire à Guipy l'était probablement dans les autres paroisses et son produit grossissait d'autant les revenus de la cure de Montenoison.

Droit de lit. — En outre, le curé du lieu profitait encore du droit de lit dont la coutume s'est perpétuée jusqu'à ce jour.

Voici l'origine de ce droit que nous croyons intéressante à faire connaître. En 1472,

Edme Damas, fils de Jean, étant décédé en la paroisse de Saint-Etienne, à Nevers, le prieur Guillaume Simon demanda son lit. Jeanne de Merle, dame d'Anlezy et de Saint Parize le Châtel, mère du défunt, compose à deux écus d'or, premier exemple du droit de lit qui a acquis depuis le titre de Louable Coutume ».

(*Voir notre étude sur ce droit. Bulletin de la Société scientifique et artistique de Clamecy, 3e série, no 2.*

Ce n'était pas une ressource à dédaigner: aujourd'hui le prêtre, dans quelques paroisses reçoit le drap qui recouvre la bière du défunt qu'il conduit à sa dernière demeure.

Les différents droits que nous venons d'énumérer donnaient aux prêtres de l'ancien régime les ressources nécessaires aux frais du culte. La Révolution les ayant supprimés, les curés, lors du rétablissement du culte durent s'adresser à leurs fidèles ou aux conseils municipaux de leurs paroisses pour se procurer l'argent indispensable. C'est ainsi que le 21 germinal an XI (11 mars 1803), le conseil municipal de Montenoison décida qu'il serait payé annuellement « *un franc pour un ban garni, cinquante centimes pour un ban simple et vingt cinq centimes pour une chaise, que le doyen curé prélèverait un franc par mariage, cinquante centimes par décès et vingt cinq centimes par baptême, et que deux fabriciens chargés de recueillir ces sommes lui en rendraient un fidèle compte* ».

Sous le régime du Concordat les ressources de la fabrique étaient plus que suffisantes pour payer les dépenses du culte, et entretenir l'église et le presbytère, car en 1899 elles permirent à M. A. Barbier, alors curé de Montenoison de faire construire une sacristie.

Curés de Montenoison

La cure de Montenoison était à la nomination du Chapitre, pouvoir lui en fut donné par une bulle du pape Lucius en 1182.

Le curé le plus anciennement connu est Messire Pierre Brassard, 1572, puis viennent:

Jean Guillemère;

Jean Camus qui officia à Montenoison de 1598 à 1638, il était chanoine de Prémery, ce titre lui est donné dans l'acte de baptême de la grosse cloche, le 3 Mai 1623. Il eut pendant ce temps, Pasquet Bachellet, comme vicaire;

Jean Castillat (archiprêtre assista à Moussy à l'enterrement de Laurence, comtesse de Busseaux).

Corcelat, 1638 (originaire du village de Sassignée eut une querelle avec Etienne Barbier procureur fiscal à Montenoison, querelle terminée par la transaction suivante:

« 17 août 1657. Transaction entre vénérable « et discrète personne Messire Corcelat, prê« tre, curé de Montenoison, d'une part et « Maitre Etienne Barbier, procureur fiscal « dudit Montenoison et sa femme honeste per« sonne Françoise Paillard, sur le fait des « injures pour lesquelles, réciproquement ils « demandent réparation par devant le bail« liage de Saint-Pierre-le-Moutier d'une part « et par devant M. l'Official de Nevers de « l'autre.

« Le dit Barbier, tant pour lui que pour « sa femme, déclare qu'il tient ledit Corcelat « pour bon prêtre et curé et bien faisant « ses fonctions curiales: — semblablement

« ledit Corcelat a déclaré qu'il tient ledit « Barbier pour homme d'honneur et la dit « Paillard pour vertueuse et pudique et se- « ront tenus les dits Barbier et Paillard « porter dans huitaine leurs enfants dans « l'église de Montenoison pour être baptisés « par ledit Corcelat, leur prêtre et curé, du « consentement duquel, seront rétablis un « Cenestier ». qui était sur la tombe et « sépulture des ancêtres dudit Barbier et un « marche pied que ledit Barbier avait pro- « che la chapelle au-devant de laquelle est « la dite sépulture, que ledit Corcelat avait « fait ôter (cause du procès) quoi faisant de- « meurant les dits débats étainctz et assoupis.

« Fais en la présence et par l'avis de R. « P. Edme Balthasar, le clerc, prieur du « chœur régulier de Saint Martin de Nevers « de Messires Claude Quartier et Jacques « Naquot, avocats, à Nevers ».

Cette querelle avait duré plusieurs années puisque dans la transaction ci-dessus, les époux Barbier sont tenus de faire baptiser leurs enfants nés pendant le différent.

Corcelat, 1681. — Sans doute le frère du précédent. (Le curé Corcelat avait deux frères, prêtres, l'un à Neuffontaines — Mont Sabot et l'autre à Metz-le-Comte).

Si l'on en croit les traditions, les trois frères construisirent chacun une église sur une hauteur et le soir, ils communiquaient au moyen de lanternes placées sur différents points de leurs églises.

Séguin, 1693, ne resta que peu de temps car du mois d'octobre au moins de février les actes de l'état civil sont signés: Gourleau prêtre desservant, puis par Filhion qui jusqu'en 1694 signe prêtre desservant.

A partir de ce moment, 1694, la paroisse est vacante, elle est desservie tantôt par Cointe, curé de Champlin, tantôt par De Lavault, curé de Bussy. Au commencement de 1695, cette vacance prend fin par l'arrivée de Messire Barbier qui, sans doute par humilité, signe *prêtre indigne, curé de Montenoison* où il reste vingt ans. Messire Bernard, 1715, donne les noms et demeures, la profession des personnes dont il est question dans les registres de l'état civil, ces mentions ont leur importance. Ce prêtre avait le titre d'archiprêtre de Lurcy-le-Bourg. Nous trouvons cette indication dans le procès verbal suivant : « *Le douzième jour d'avril 1719, la bénédiction et pose de la première pierre de la chapelle du bourg de Montenoison et des fondements a été faite par nous, archiprêtre de Lurcy-le-Bourg et curé de Montenoison soussigné à l'issue des vespres du mardi de Pasques en présence du peuple qui a assisté à cette cérémonie* ».

Ruel de Montécot 1720-1744. A partir de 1732, il ne signe les registres que « Montécot ». Cette même année, il se rendit accompagné de son valet au synode de Nevers. Dans un acte de mariage célébré par ce prêtre en 1725, nous trouvons que dispense parenté au troisième degré, l'évêque Carolus ordonne de donner cent livres en faveur de l'hospice de Nevers, vingt en faveur des pauvres de la ville et quarante en faveur de la fabrique et des pauvres de Champlin (acte du 3 nov. 1725).

De Montécot eut pour vicaire:

Batailler qui prit le titre de curé de Montenoison en 1744, bien que M. de Montécot fut toujours à Montenoison, où il signait de temps à autre « Montécot, ancien curé ». Il mourut le 15 novembre 1752 et fut inhumé dans le chœur de l'église par son successeur Bataillier, assisté de Michel, curé de Moussy.

Bataillier écrivit la curieuse note suivante trouvée à la fin d'un registre « *Je soussigné certifie avoir dûment publié l'édit du roy Henri II* (du mois de février 1556) *qui établit la peine de mort contre les femmes veuves, les filles qui cachent leur grossesse et leurs accouchements n'ayant point fait de déclaration, laissent périr leurs enfants sans leur avoir fait recevoir le sacrement du baptême* ».

L'examen des registres de l'époque ne nous a pas permis de constater l'opportunité de cette publication, faite cependant conformément à la déclaration du roi du 25 février 1708, qui plus fut cause des singulières déclarations qu'on trouve dans les anciens registres. Bataillier mourut à Montenoison, le 13 avril 1784, son inhumation dans le cimetière, fut faite par Moreau, curé d'Oulon, Loret, curé de Moussy et Bonnet, vicaire de Montenoison.

Septier de Rigny resta à Montenoison de 1784 à 1791. Vers la fin de 1790, il ne signe plus que Septier, tout court. Ce prêtre célébra avec *empressement* une messe en l'honneur de la Fédération, le 14 juillet 1790, et, à l'issue de la messe, devant les fidèles présents, il prononça le serment « fédératif ». Le 4 février 1791, il informa la municipalité de son *intention* de prêter le serment civique le dimanche 6 février, ce qui eut lieu en effet, mais le 3 avril suivant, il se rétractait. Au mois de mai de la même année, il quittait Montenoison et Pierre Antoine Nozières lui succédait. Celui-ci était un prêtre constitutionnel. En 1792, il était membre du Conseil général de la commune et signait les actes de l'état civil « Nozières officier public. Il avait été nommé pour élection du 30 novembre an I, de la République, pour dresser les actes de l'état civil, fonctions dont il s'acquitta jusqu'en 1798. On retrouve encore le nom de Nozières sur l'état nominatif de la garde nationale établi le 10 ventôse an VII (28 février 1799). Peut être est-il resté à Montenoison jusqu'à l'arrivée du curé Bart, en 1801. Après ce vinrent:

Baudequin 1826; Picoul 1833; Chevalier 1834; Périsse 1837; Comtat 1841.

Scholten, 1843 « à l'issue des vêpres, le .... 1848, M. Scholten bénit l'arbre de la liberté qui avait été planté au sommet du Cavalier; puis, armé d'une pioche et accompagné des habitants de Montenoison, il arracha les bornes qui séparaient certains terrains communaux, d'autres formant le sommet de la Butte et appartenant au prince de Chalais, mais revendiqués par la commune. Il en résulta un procès qui se termina en faveur du prince. M. Scholten poursuivi pour ses idées libérales, mourut en interdit ».

Chastanier 1852; Petit 1853; Pannetier 1863; Colas 1868; Brunaud 1874; Roy 1880; Cliquet 1885; Rouilly 1891; Barbier 1897; Bouchardy 1900-1926.

CHAPITRE V

GÉOGRAPHIE HUMAINE

(Suite et fin)

Notice historique

(Voir origine de la population page 11)

Nous avons dit précédemment que dès les 8e et 7e siècles avant notre ère, le sol de Montenoison était habité par des Gaulois. Ceux-ci devaient en cas de danger se réfugier sur son sommet, qui sans doute était occupé par un oppidum d'une certaine importance. Il offrait jadis par sa situation, son isolement, un asile sûr, facile à défendre d'où on pouvait surveiller une vaste étendue de pays, communiquer avec de nombreux sommets fort éloignés par des signaux de feu et transmettre ainsi les nouvelles, bonnes ou mauvaises, dans l'obscurité des nuits.

La légende des trois frères, seigneurs de Montenoison, Metz-le-Comte et Monsabot, celle des trois frères Corcelat curés aux mêmes lieux et communiquant tous les soirs comme les trois premiers, par des feux; la tradition morvandelle des dames de Château-Chinon disant bonsoir à celles de Montenoison en allumant un grand feu sur le sommet de la montagne de la capitale du Morvan, ne seraient-elles pas une réminiscence du passé qui confirmerait ce que nous disons plus haut. Plus près de nous, lors de l'occupation romaine, le mamelon de Montenoison devint certainement une de ces stations militaires que les Romains avaient coutume d'établir dans les pays conquis. Il porte des traces de castramétation sur lesquelles on ne saurait se méprendre.

D'après Jean Textor déja cité — (il semble s'appuyer sur un ancien auteur) — la Montagne de Montenoison aurait été couronnée par une enceinte de cinquante tours renfermant un temple dédié à César. Cela ne paraît pas trop invraisemblable si l'on songe que les habitations de la villa gallo-romaine de Saint-Révérien, que certains archéologues croient être l'antique Gergovia Boïorum, comme d'autres, une ville nommée Boïa étaient orientées de manière à avoir vue sur le tertre de Montenoison. L'occupation de Montenoison par les Romains est indiscutable, les pièces de monnaie, les tuiles à rebord, les innombrables débris de tuiles vernissées et de constructions, ainsi que les traces de castramétation déjà citées en sont des traces indéniables. De plus, les deux voies romaines passant à son pied témoignent de l'importance que nos vainqueurs attachaient à notre sommet.

A une époque encore ignorée de nous, castrum ou enceinte de cinquante tours fit place au château et à la ville de Montenoison, car, à l'époque féodale, Montenoison avait le titre de ville, ce qui ne préjuge en rien de son importance passée, et elle figurait entre Châtel-Censoir et Lurcy-le-Bourg au douzième rang des villes du Nivernais.

L'ensemble formait une imposante forteresse entourée de hautes et solides murailles, de grande épaisseur, en talus à leur base et remplies de terre jusqu'au sommet. L'approche en était défendue par deux larges et profonds fossés concentriques. On y pénétrait par une porte fortifiée occupant à l'ouest de la montagne, il en subsiste encore quelques vestiges qui en marquent l'emplacement exact.

Aujourd'hui, il ne reste plus au sommet de la montagne que l'église et des débris des anciennes murailles de la ville et du château-fort qui tous les ans reçoivent de très nombreuses visites d'amateurs de pittoresque.

Le puissant château de Montenoison fut reconstruit en 1217 par Mahaut de Courtenay, épouse de Hervé IV de Donzy. Ses successeurs l'entretinrent fort mal et il finit par tomber tout à fait en ruines au XVIIIe siècle.

En 1827, on en remarquait encore des souterrains dont les voûtes donnaient une grande idée de la richesse de ses anciens maitres. L'un de ces souterrains fut mis à découvert une seconde fois en avril 1895.

De ce formidable manoir il ne reste plus, au sud, que des débris de murs et décombres informes; au nord, des pans de murs, deux tourelles en encorbellement sur de fortes ogives, et derrière celle-ci deux nervures croisées qui soutenaient le plafond d'un corps de garde. Au-dessous de cette salle est un local au plafond écroulé qui devait être la salle de justice; par une porte, à droite cette salle communiquait avec un cul de sac éclairé par une étroite fenêtre. Le plancher de ce que la tradition dit être la salle de justice était percé d'une ouverture carrée donnant accès dans un humide réduit où l'on pouvait remarquer des sortes de sièges en pierre. Des fouilles y furent exécutées en 1840, elles mirent à découvert des ossements humains qui firent supposer que ce réduit sans issue formait les oubliettes.

Si l'on en croit certaine signification étymologique donnée à Montenoison, les seigneurs de ce lieu devaient être de véritables fléaux pour les pays environnants leur puissante forteresse, et cependant on ignore à peu près tout du château et de ses redoutables maîtres.

Jusqu'au XIIIe siècle on ne trouve d'eux que de rares mentions, dans divers cartulaires (Nous ne rapporterons et en suivant l'ordre chronologique que les faits qui nous paraîtront intéressants). Ainsi, il en est question en 1097 dans Gallia Christ; en 1115, on parle de Joscelinus de Montenoison et en 1120 de Jocerinus de Monte Onisiis dans le cartulaire de l'Yonne; en 1122 on cite Hugo de Monte neizon dans le cartulaire de Bourras.

Le couvent de Bourras fut fondé en 1119 par Hugues de Tily seigneur de Champlemy et sa femme Adélaïde ou Alix de Montenoison. Ils donnèrent à ce couvent, toutes les terres et forêts qu'ils possédaient en ce lieu et situées entre les chemins de Nevers à Auxerre et de La Charité à Varzy jusqu'à un endroit nommé Vadum Fracte (probablement le Gué de la Porte suive le ruisseau de Saint-Bonnot) plus le territoire de La Grange de Bourras avec plein usage dans le gouvernement de Champlemy.

Le couvent de Bourras fut le lieu de la sépulture des seigneurs de Montenoison, à l'exception de ceux qui furent comtes ou ducs de Nevers.

Deux ans plus tard Montenoison était le siège d'une des 23 châtellenies du Nivernais. Elle comptait 130 fiefs (voir justice).

En 1120, mention de Hugues de Montenoison. Il est à Decize en 1139 où il figure comme témoin d'une donation faite par Hugues Manceaul pour le remède de son âme, en faveur des religieux de Saint Robert « en la ville d'Andrie).

Au XIIIe siècle, Montenoison est propriété des comtes de Nevers. La comtesse Mahaut en reconstruisit ou répara le château qui fut pour elle et quelques-uns de ses successeurs un lieu de séjour fort agréable. Certains faits que nous rapporterons dans la suite en donneront la preuve.

Le château était, pendant l'absence de ses maîtres, sous le commandement d'un châtelain ou capitaine, qui recevait un traitement pour lui et les hommes d'armes qu'il commande.

C'est ainsi que Gauthier Dessoulatour, capitaine au château de Montenoison en 1387 reçoit pour ses gages 400 écus d'or par an, pour la garde du château et pour les gages de six hommes d'armes et de quatre archers qu'il commande. (Marol. 139).

Le châtelain de Montenoison payait à l'évêque de Nevers 4 d. obole de cens en 1283 et 2 écus au duc de Nevers pour ses lettres de provision (Carré).

Châtelains connus

1345, Jean Donau; 1361, Elie de Chalaye; 1387, Gauthier Dessoulatour; ? Jean de la Rivière; 1486, Claude de la Prévière, seigneur de Giry; 1528, Liénard; 1575, Charles de Mulot.

1216. Le Chapitre acquiert plusieurs serfs et leurs biens à Montenoison.

1226 à Montenoison » Guy de Nevers et de Forez et Mahault comtesse de Nevers affranchissent les habitants de La Marche moyennant 20 sous par feu.

1226 « Affranchissement de la ville de Montenoison par Gui, comte de Forez et par Mathilde, son épouse qui ne demandent à chaque habitant que 5 sous et un bichet d'avoine à la mesure d'Auxerre. (Mar. 500).

Antérieurement à cette date, les Monténésiens étaient serfs, les uns de l'évêque, les autres du comte, et par conséquent soumis à leur seigneur respectif dont la puissance était absolue. En effet « le serf n'a rien « en propre et ne peut rien transmettre. il « est au seigneur corps et biens avec sa fem- « me et sa lignée née ou à naître. Rien ne « l'affranchit, ni l'abandon de son avoir ou « la fuite, ni la prêtrise s'il la reçoit sans « la permission du maître, ni même l'épis- « copat. ».

C'est ce qu'un vieil auteur exprime autrement en disant du maître: « Il est seigneur « dans le ressort sur teste et col, vent et « et prairie, tout est à lui, forest chenue, « oiseau dans l'air, poisson dans l'eau, bes- « te au buisson, cloche qui roule, onde qui « coule ».

Quand leur pauvreté ne leur permettait pas de disposer des 5 sous nécessaires à leur liberté, les serfs de Montenoison, au moins quelques uns cherchaient à se soustraire à la servitude en fuyant ou en se faisant passer pour bourgeois. Ils réussissaient rarement, car leurs maîtres les recherchaient et les livraient à la justice, ce que nous voyons par un acte du vendredi après la Pentecôte de 1325 rapportant que *Jean d'Agenault reconnaît que son fils Léger prenait mal à propos la qualité de Bourgeois de Montenoison et était à cet effet poursuivi par le chapitre de Saint-Cyr, étant lui comme ses enfants serf taillable exploitable de haut et de bas et de main morte de M. le Doyen et dudit chapitre.* (Archives de la Préfecture. Titres de famille.).

Si, à cette époque, les habitants de Montenoison tenaient beaucoup à la liberté, ils semblent dans la suite l'avoir bien dédaignée. Le petit nombre des bourgeois, six ou sept, qui figurent dans les recensements de 1716 et de 1780 nous le montre.

12 avril 1232, le lendemain de Pâques à Montenoison. Gui, comte de Forez et de Nivernais et Mathilde sa femme assignent à leur chambellan Foulcher Guerry et à ses hoirs, en friet hommage douze livres de terre sur leur tasches de Bourg et sur leurs prés sis au même lieu.

1252, *le lendemain de la St-Martin à Montenoison.* — Mahaut, comtesse de Nevers donne à l'église de St-Martin de Clamecy, 100 sols de rente assis sur son ban de Clamecy pour faire son anniversaire.

1281. — Gauthier d'Arthel, vicomte de Clamecy, vend à Robert, comte de Nevers, pour 40 l. t. une rente de 40 bichets de blé, mesure d'Auxerre à prendre sur la seigneurie de Montenoison (Marol. 116).

1285. — Gauthier d'Arthel, vicomte de Clamecy vend au comte Robert, 40 bichets de blé à Montenoison (Marol. 523).

1286 *à Montenoison.* Damoiselle Isabelle veuve de Hugues de Champrond, fils de Séguin d'Estan et leurs enfants: Jeanne, Isabelle, Séguin, Guillaume et Aalis, ces deux derniers mineurs, vendent à Robert, comte de Nevers, certains hommes et femmes pour 59 livres, monnaie de Nevers.

1289 *janvier.* — Devant le garde du scel du comte de Nevers, à Clamecy, Gauthier d'Arthel, vicomte de Clamecy et Ysabeau, sa femme, échangent des terres à Cuncy, Migny, des familles serves, cens, coutumes, etc.

avec Guillaume d'Arthel et Jeanne, sa femme contre des terres à Moussy et à Montenoison.

1291 *à Montenoison*. — Robert de Flandre, comte de Nevers accensé pour 10 sols en monnaie de Nevers à son homme taillable Hugenin Roiginot, fils, habitant Ligny, son four au château de Lurcy. Ce four avait été retiré à Jean de Veinz pour certain méfait.

1291, 27 *avril au château de Montenoison*. — Hugues de Curtis, évêque de Bethléem de Clamecy donne au comte Robert de Nevers, le bourg de Sparon où était située la chapelle de Sainte Marie de Bethléem, dépendant de l'église de Bethléem avec tous les droits et juridiction temporels, la dîme, le festage et en outre tous les droits qu'il possédait au delà des ponts de Monreuillon; en échange le comte lui accorda une rente perpétuelle de 20 livres de petits tournois à prendre sur le couvent de Vézélay où sur un autre lieu devant pareille somme.

1291. — Roselle de Chanlitre, damoiseau, possède la dîme de Marsiges et de Montenoison. il la tient en fief de Gautrieus de Cuy et des enfants qu'il a eu avec Ademe, sa femme.

1322. — Aubry de Luray, bourgeois de Montenoison fait hommage au comte de Nevers pour un pré.

Mahault de Maulgazon, Dominique, Perrinet et Guillaume, enfants de Perrin Ogier de Montenoison font hommage au comte pour une maison à Maulgazon.

1352. — Le châtelain de Montenoison, Jean Donau est un des représentants de Guillaume de Mello, seigneur d'Epoisses pour désigner les familles serves dont les tailles avec d'autres droits constitueront la rente perpétuelle de 300 l. t. à prendre sur les revenu de Château-Chinon, rente qui lui a été donnée en foi et hommage par sa cousine, Jeanne de Mello, comtesse d'Eu. Les représentants des deux partis ont désigné: 1o des familles serves des environs de Moulins Engilbert et de Montreuillon dont les tailles faites tous les trois ans, les droits de justice et l'autorisation de « labourer » en payant les tierces accoutumées s'élevaient à 200 l.; 2o d'autres familles serves de Corancy, Ardilly et Chevannes pour 100 l.

1361. — Hélie de Chalaye « capitaine de Montenoison », figure dans un procès en diffamation intenté par le prieur de Saint-Révérien à Pierre de Nourry. Plusieurs seigneurs des environs se trouvent compromis dans cette affaire, ils prétendent avoir agi contre le prieur sur l'ordre spécial d'Hélie de Chalaye, ce qui ne fut pas admis. (Ste Nre).

1383. — Colas Tureau de Lurcy vend au comte le droit qu'il avait au four de Montenoison pour 35 livres d'or.

(Cette somme indique l'importance du four banal de Montenoison qui devait être pour le comte de Nevers, une source de beaux revenus.

1386. — Etienne de Frasnay, écuyer rend hommage au comte, au nom de sa femme Philiberte ,pour le bois de Borne (Cne de Montenoison et des héritages près de Montenoison (Marol 138).

1387. — Gauthier Dessoulatour, chevalier est capitaine du chateau de Montenoison. Pour garder ce château, il a sous ses ordres six hommes d'armes et quatre archers. Il ne reçoit annuellement que 400 écus pour ses gages. Marol 139.

MONTENOISON

Légende du XIV° Siècle

Le comte de Nevers étant parti pour la croisade de Nicopolis, le seigneur de Montenoison profita de cette absence pour assiéger la belle Elwis et son vieux père dans leur château de Conforgien en Bourgogne.

Les murailles de l'antique manoir résistèrent aux efforts de l'assaillant. Fatigué d'un siège sans résultat et sans honneur, Montenoison revenait dans le Nivernais quand une troupe l'atteignit au moment où il se disposait à passer un cours d'eau grossi par les pluies d'automne : c'était Hugues de Grancey qui, avec vingt-cinq lances poursuivait le chevalier félon afin d'en tirer une éclatante vengeance.

Le combat fut court. Montenoison n'échappa que par une fuite tapide qui l'amena près du pont de la Cure.

La barrière en était fermée et bien gardée ; le fugitif accueilli par une nuée de traits s'éloigna rapidement. Il reprit sa course vertigineuse. Et, après avoir franchi maints rochers escarpés le long de la Cure, pour trouver un passage il arriva non loin du saut de Gouloux. En cet endroit, la rivière profondément encaissée était moins large qu'ailleurs. Alors, confiant dans les jarrets d'acier de son cheval, Montenoison va tenter un lacet impossible à tout autre. Il flatte son fidèle coursier, l'anime et le lance. D'un bond formidable, l'animal est sur l'autre rive, mais minée par l'eau, elle s'écroule sous le choc, le cheval et le cavalier sont entraînés dans le gouffre et disparaissent à jamais.

(Chroniques du Morvan par le duc de Mortemart. Paris 1850 D'apès Société Nse.

1405. Le 1er avril, le comte de Nevers dîne, soupe et gîte en son château de Montenoison, où il reçoit la dame du Gué.

1408. Thomas des Cerdres fait hommage au comte pour le champ de La Grange à cause de Montenoison (Plusieurs terrains de Montenoison portent ce nom.

1415. Pour être dispensée d'avoir une garnison, la ville de Nevers fut imposée de 350 livres. Le paiement de cette collecte amena des difficultés, l'un des échevins et le receveur furent envoyés pour les aplanir auprès du Cte de Montenoison. L'affaire ne dû pas aller seule car les deux envoyés furent retenus prisonniers au château.

1441. Jean d'Armes, écuyer seigneur de Busseau fait hommage au comte pour des héritages à Montenoison et la basse justice de Busseau.

1458, le 9 avril. Marie d'Albret femme de Charles de Bourgogne fait sa joyeuse entrée à Nevers. Le cortège était précédé des trompettes et héraut de la ville. M. le Comte avait prêté pour cette cérémonie aux échevins, ses harnais blancs qu'on alla prendre et qu'on reporta à Montenoison.

1458, le 23 mai. Jean, seigneur de la Rivière, et son frère Jacques de la Rivière vendent au comte pour 400 l. t. « deux bombardes veu« glaires de cuivre, l'une nommée Cornillon « et l'autre Passevolant; ledit Cornillon garni « de deux bouestes, dont de l'une mon dit « seigneur a fait faire une grosse coulverine. « It. un canon perrier de cuivre, lequel a été « rompu par la bouaite. « It. deux muids de « poudre de canon et trois sacs de poudre de « coulverine ». Le tout délivré au comte en son château de Montenoison.

1461. 15 juin à Fours. Les habitants de Montenoison sont à la demande du comte contraints par le roi de garder la ville et le château de Montenoison.

Le comte de Nevers, Charles de Bourgogne menait joyeuse vie au château de Montenoison, c'était un vivant, si l'on s'en rapporte à la ballade ci-dessous qu'il écrivait en 1463 à Jehan Régnier, bailli d'Auxerre.

Entre nous, pôvres hermites,
Sommes à Montenoison
Venus pour faire raison
A Dieu de toutes nos débites.

Nous en serons du tout quittes
Ainsi que vuydons la maison
Entre nous, povres hermites.
Quand messe et heures sont dictes
Nous beuvons vin de saison
Et mangeons bien d'ung oison
Et de bonnes tripes frittes
Entre nous povres hermites

Tout autour de nostre maison
Avons boys assez et foison
Hayes et buysson fort d'épine
Dont au pied de notre hermitage
Si a maints Ceste sauvage
Et grand plante de sauvagine
De chevreux lièvres et levreaux
De sangliers commun lapereaux
Le plus au temps prenons saisine
Bonnes perdris et gras chapons
Faisans, poules paonnes et paon
Font souvent fumer la cuisine
Parfois sont oyseaulx de rivière
Gectés hors de la gibecière
Pour être mis à la dodine

Chevreaulx, cochons bœuf et mouton
Nous font tant grosler le menton
Qu'enflée en devient la bodine.
D'une andouille entre deux jambons
Faisons service beaulx et bons
Avec ce beau plat d'éschine
Grosses carpes barbues et tanches
Grans luz carreaulx et perches blanches
Sont mangées à la galantine
Bon pain avons fèves et pois
Point ne seront pris par la famine
Poires cuites; fromages gras
Pouldre de duc et Ypocras
Prenons parfois médecine
Quand nous voulons aller esbattre
Pour bestes et oyseaulx combattre
Nous n'oublions pas la bodine

Nous vous demandons tous ensemble
De notre faict que vous en semble
Menons nous point vie divine
Si prions Dieu que face à face
En sa gloire qui point ne fini.

Réponse de Régnier

Aux pélerins du grand pardon
Lesquels n'ont pas fait par chemin
Mais par bulles en parchemin
Du pape l'ont acquis par don

Maulnigny l'estat et lourdon
Ordonnait sans parler romain
Aux pélerins du grant pardon

Saupiquet et Tirelardon
Et Marchegay et soir et matin
A l'appareil mettait la main
Ils y ont taillé maint lardon
Aux pélerins du grant pardon

En plus fort chastel que l'ordon
On a donné pardon divin
Aux pélerins du grant pardon

Mangé nont vousse ne gardon
Mais grand poisson sans alevin
Sauvagines chairs et bon vin
Meilleur que vin de Galardon
Aux pélerins du grant pardon

Forclos leur fut par un brandon
Duser du fruict de chauconnin
Aux pélerins du grant pardon

Tous autres fruicts ont a bandon
Répandu reau calemain
Quierville, manifroy et parmain
Dieu si en rendra grant guerdon
Aux pélerins du grant pardon

Aux pélerins et aux hermites
Acquérans le pardon de Rome
Pour estre de leurs péchés quictes
Comme doit être tout preud'homme
A tous vous fait seavoir en somme
Après recommandation
Que pardon ne vault une pomme
Qui ne faict satisfaction

Satisfaction se fault faire
Tantost après contriction
A plusieurs elle est forte à faire
Du cueur sans contradiction
Mais qui le fait sans fexion
Dieu par ce point est contenté
En la faisant d'affection
Car il scet bien la voulenté

La voulenté voire sans fainte
Si est réputée pour le fait

Celle est necte comme jacinthe
Le pardon si est tout parfait
Perdu on a temps et voyage
Et le pélerin lont deffait
S'il na nectoyé son courage
Courage nect et gracieux
Piteux courtois et véritable
Si fait monter lame es cieulx
Car elle est à Dieu délectable
Et non pas viande de table
Sangliers ne cerfs, ne chevraux, ne dains,
Ne coursiers qui sont en lestable
Ne tous autres plaisirs mondains
Plaisirs mondains souvent si font
Plaisir au corps dommage à lame
Car il les mect si tresparfond
En lieu plain de feu et de flamme
Qui le corps et lame enflamme
Compter fault après la despence
Car désir fault dessoules lame
Il est sage qui bien y pense
Qui bien y pense et souvent
Advis que c'est grant prudence
Car ce monde cy n'est que vent
De des biens y a habondance
Si faut-il aller à la dance
De Macabre la très diverse
Il convient que chacun y dance
Très bien dance qui point ne verse.
Qui point ne verse à la renverse
Si faut il désir dos envers
Il n'y a destour ne traverse
Et tous serons mangés de vers
Pélerins estans à Nevers
Pensés au temps qui après vient
Et veuillez bien noter ces vers
Car une fois mourir convient

Mourir convient et n'en souvient
Je ne scay pas que ce peult-être
Et si ne scet ou qu'on devient
Ne oulen va ne en quel estre
Il n'en est point de si grand maitre
Qu'il ne faille passer le pas
Ou à dextre ou à senextre
Bon y fait passer par compas

Par compas bon y fait passer
Alfin que lame soit ravie
Pour se doubte du trépasser
Quant l'heure sera assouvie
Combien que mener bonne vie
Boire, manger en temps et lieu
Sans penser mal ni vellenye
Ceci ne desplait point à Dieu.

A Dieu je dy généralement
Aux pélerins d'une aliance
En priant Dieu très humblement
Auquel on doit avoir fiance
Que tous soyes de conscience
Purs et necls du cœur cler et fin
Et au surplus par sa puissance
Vous doit paradis à la fin

Escript à Auxerre sans jour
En décembre le dernier iour

« Fortunes et adversitez de Jehan Régnier ». Seigneur de Guerchy et bailli d'Auxerre. — Société Nse.

1465. Les échevins de Nevers envoient à Montenoison auprès du comte Jean de Clamecy, frère et successeur de Charles quérir du salpêtre et du soufre pour faire de la poudre.

1486. Jean de La Rivière, seigneur de La Rivière est nommé à la « capitainerie et au bailliage de Montenoison par suite de la démission de Claude de La Rivière, seigneur de Giry, son cousin.

1491. Prise du château de Montenoison par Englebère de Clèves, petit-fils du comte Jean de Clamecy sur Jean d'Albret, gendre et beau-frère du même comte. Jean de La Rivière était capitaine de Montenoison. La famine fit capituler ses défenseurs.

1504. Procès entre la comtesse de Nevers d'un coté et Jean Esme et Guillaume des Paillards touchant les héritages de Chaureault et Ligny à Montenoison.

1528. Procuration de Liénard nommé châtelain de Montenoison par devant Hugues Rapine, clerc notaire, juré de la comtesse.

1575. Charles de Mulot, écuyer seigneur de La Motte, Parc Nadin, etc., est capitaine de Druye et de Montenoison, il demeure à La Motte.

1617. Mention de Barbarin soldat de la garnison du château de Montenoison.

1648. A la fin d'avril, Bussy Rabutin gouverneur du Nivernais et du Donziais envoie une compagnie de 15 chevaux légers à Entrains. Les échevins de la ville se débarrassèrent de ces exploiteurs en leur donnant 15 jours plus tard, 700 livres. Dix de « ces cavaliers maitres », se rendirent à Bitry et les autres à Montenoison, où ils arrivèrent les premiers jours de mai. (p.. 103 Entrains-Baudiau).

Du XIIIe au XVIIIe siècle, Montenoison suivit la fortune des comtes puis des ducs, de Nevers. A cette dernière date, le château était en ruines et la ville abandonnée par ses habitants. Ceux-ci, avec les matériaux de la forteresse et de leurs anciennes maisons s'étaient construit de nouvelles demeures au sud, à mi-côte de la Butte, où avec un hameau existant déjà à cet endroit et appelé le Bourg, elles formèrent le Montenoison actuel.

NOISON

Ce village semble avoir eu des seigneurs particuliers beaucoup plus longtemps que Montenoison. Comme ce dernier, il porta aussi le titre de « ville », ce qui ne préjuge en rien de son importance passée. Certains champs de ce lieu portent le nom de « sur la ville ».

Voici tout ce que nous savons du village de Noison.

1297, Noison appartient à Béatrix de Noison (Marol. 212).

1317. La ville de Noison est propriété de Oudart de Bozerne, chanoine de Nevers.

1327. Guy de Toucy, chevalier seigneur du Val d'Aubigny, fait hommage au comte pour la justice et seigneurerie de la ville de Noison.

1343. La seigneurie de Noison est passée dans la maison de Veauce par le mariage de Marguerite de Toucy avec Jean de Veauce.

1352. Mention de Monins de Noison et de sa femme Yolande, fille de feu Hugues d'Olon (Oulon) écuyer. Il est à présumer que ce Monins de Noison qui mourut en 1370, était non pas un seigneur, mais un bourgeois ayant épousé la fille d'un écuyer peu fortuné.

1382. Noble et puissante dame Marguerite de Toucy fait hommage pour la maison de Noison.

1406. Le fief de Noison est propriété de Odinet de Chastelneuf écuyer, époux de Jeanne de Besne.

1466. Jean, sire de Chastellux fait hommage au comte pour la seigneurie de Noison.

1481. Gilbert de Grassey, écuyer seigneur de Champeroux rend hommage au comte pour la seigneurie de Noison.

1483. Agnès de Chastellux est dame de Noison. Elle épousa Antoine de Follet, seigneur de Bazoches, conseiller et chambellan du roi, bailli de Sens.

1483. Antoine de Follet et Agnès de Chastellux sa femme, vendent au comte de Nevers, la terre et seigneurie de Noison, pour 900 l. t.

C'est probablement à partir de cette époque que Noison a été réuni à Montenoison pour le spirituel. Alors la chapelle qui existait autrefois dans le village est tombée en ruines, faute d'entretien et son cimetière a cessé de recevoir des inhumations. Elle devait occuper l'endroit appelé actuellement Place de la Chapelle.

1789. — LA RÉVOLUTION
(*pendant*)

Lorsque la Révolution éclata Jean Septier de Rigny, était curé et Maupetit, syndic de Montenoison.

Le premier fut assigné comme tous ses confrères à comparaître à l'assemblée des trois ordres à Nevers. Nous ignorons s'il répondit à sa convocation.

Une assignation à « comparoir » à Nevers par députés élus en assemblée municipale fut donnée par exploit d'huissier royal à la paroisse de Montenoison en la personne de son syndic Maupetit.

Les députés élus furent: Joseph Lejault et François Chambon. Ils se présentèrent à Nevers avec le cahier des plaintes, doléances et remontrances dressé en réunion des habitants.

25 février 1790. M. Septier fait connaitre les revenus de la cure de Montenoison (voir p. 83).

14 juillet 1790. M. Septier de Rigny est invité par le maire et les officiers municipaux de la paroisse à célébrer la messe de la fédération, ce qu'il fait avec « empressement ». L'assistance comprenait le maire, les officiers municipaux, le plus grand nombre des citoyens actifs et d'autres personnes. A l'issue de la messe, toutes ces personnes, le curé en tête ont « prononcé le serment fédératif ».

4 février 1791. M. Jean Septier, informe la municipalité qu'il a l'intention de prêter le serment civique le 6 du présent mois.

6 février 1791. « Ce jourd'hui dimanche 6 février environ les onze heures du matin, en l'église paroissiale dudit Montenoison, à l'issue de la messe et en présence du conseil général de la commune et des fidèles assemblés. M. Jean Septier de Rigny, curé de la dite paroisse s'est présenté et a dit qu'en exécution du décret de l'assemblée nationale du 27 novembre dernier, sanctionné par le roi le 26 décembre dernier et publié en cette municipalité le 30 janvier dernier il venait avec empressement prêter le serment civique prescrit par le décret et de fait ledit curé a prononcé à haute et intelligible voix le serment civique de *veiller avec soin sur les fidèles de la paroisse qui est confiée à ses soins, d'être fidèle à la nation, à la loi et au roy et de-*

maintenir de tout son pouvoir la Constitution décrétée par l'assemblée nationale et acceptée par le roi (Copie du procès-verbal).

Mais le 3 avril 1791 « Rétraction du sieur Septier, curé de Montenoison ». M. Septier se rétractait dans les termes suivants : « J'ai « fait le 6 février 1791 le serment civique exi- « gé par le décret de l'assemblée nationale, « désirant montrer par cet acte ma défé- « rence pour les décrets ; mais la prestation « de ce serment qui est des plus importan- « tes demandait plus de réflexion et de tran- « quillité d'esprit que je puisse affirmer n'a- « voir pas eu dans cette circonstance. Depuis « cette époque ma conscience trop troublée « par ce serment m'a contraint de lui rendre « cette paix si précieuse sans laquelle il est « impossible d'être heureux et c'est pour cet « objet que je manifeste aujourd'hui mes sen- « timents.

« Je déclare donc, en présence de la mu- « nicipalité, du Conseil général de la commu- « ne et des fidèles que je veux vivre dans « la religion Catholique apostolique et Romai- « ne que je rétracte et révoque autant qu'il « est en moi, le serment que j'ai fait le 6 « février dernier et je demande qu'il soit re- « gardé comme nul ».

Cette rétractation était plutôt due à la défense faite par Pie VII, le 10 mars 1791 aux membres du clergé de prêter le serment civique qu'à des scrupules de conscience.

M. Septier, quitta la Cne et fut remplacé par un curé assermenté.

18 Décembre 1791, Formation d'une nouvelle municipalité.

2 Décembre 1792, formation d'une nouvelle municipalité.

30 décembre 1792. Il est procédé à la nomination d'un officier de l'état-civil. Le citoyen Pierre-Antoine Nozières, curé constitutionnel et l'un des douze notables de Montenoison est élu pour dresser les actes de l'état-civil, ce qu'il accepte.

En 1793, la patrie est en danger, elle a besoin de défenseurs, on demande des volontaitaires. Les 7, 8 et 9 mars 1793, le maire tient ouvert un registre pour inscrire les citoyens de « bonne volonté ». Personne ne se présente. Le maire procède au tirage au sort des garçons le 10 mars. Sont désignés :

Pierre Comte, 25 ans; Claude Poillot, 21 ans; Annet Petiot, 25 ans; Poul... ? 21 ans; Claude Louault, 19 ans; Michel Louault, 22 ans; Etienne Martin, 20 ans; Etienne Gauthier, 18 ans; Antoine Theurin, 18 ans.

14 avril 1793. *Comité de surveillance.* — Le conseil se réunit et choisit 12 citoyens pour former ce comité.

Puis il prend 5 de ses membres pour former un deuxième comité dit de « Sureté générale ».

27 mai 1793. Le citoyen Michel Paillard administrateur du district de La Charité, nommé pour rechercher l'or et l'argenterie en sus des vases sacrés et pour constater le nombre des cloches, visite l'église et la sacristie accompagné des officiers municipaux et nota-

bles suivants: Pierre-Antoine Nozières, curé François Chambon et Léonard Petit, procureur de la commune. Il ne trouve que les vases sacrés et trois cloches: l'une du poids de 1800 livres, la seconde de 1300 l. et une troisième fêlée, sans service du poids de 80 livres.

7 mai 1793. Le conseil municipal renouvelle la garde nationale il nomme

Capitaine: Pierre Dagouneau.

Lieutenant: François Chambon.

Sous-lieutenants: Claude Maupetit, le jeune; Joseph Geoffroy, le jeune.

Sergents: Jean Louault et François Nandrot.

Caporaux: Cl. Barbarin, Valentin Gaudry, Jean Elie, Geoffroy et Jean Rouez.

Citoyens de la garde

Jean-Pierre Dagouneau,; Philibert Hérault; Claude Vannier; Benoist Louault; François Bouchetard; Jean Thomas, fils; Cl. Maupetit, fils de Charles; Jean Pinçon; Charles Trotet; Jean Gaudry des Maures; Jean Louault, le jeune; Jean Gillet; Philibert Chaufournier Berthelemin Madelin; François Dougny; Eustache Dagouniaux,; Louis Danteur; Eustache Bernard; François Guyout; Pierre Lechauve; Léonard Gaudry, de Marsiges; Pierre le Fort; Pierre Monin; Cl. Rougemont; Jean-François Lejault; Benoist Valot, Claude Niodot, fils; Edme Geoffroy; Jean Hérault, l'ainé; François Gaudry.

22 mai 1793. Levée en masse. Sur l'ordre de l'administration du département le maire fait ouvrir un registre pour inscrire les citoyens de bonne volonté. Il constate avec « regret », dit-il que personne ne s'est présenté alors il dresse:

1° La liste des garçons assujettis à la levée, elle comprend: Jean Danteur, garde; Paul Trameçon; Jean Louault; Pierre Louault; Louis Danteur; Jean Hérault; François Gaudry et François Bernard.

2° Celle des hommes mariés sans enfants dont les noms suivent: François Bouchetard, Edme Soleil; Léonard Gaudry et Pierre Monin.

Puis il confie ces listes au citoyen Pierre Métairie, commissaire administrateur du district de La Charité.

30 juin 1793. Le refus d'obéir aux réquisitions de grains dans la commune de Montenoison est porté devant le conseil du district qui prend la délibération suivante:

« Vu la lettre adressée à cette administra-« tion par le conseil général de Prémery, qui « représente qu'en conformité de la loi du « 4 mai dernier d'après l'arrêté du départe-« ment du 13 juin présent mois et à plusieurs « réquisitions de cette administration; qu'a-« près avoir fait part aux officiers munici-« paux de leur arrondissement des arrêtés et « réquisitions, ils ont effectué des visites do-« miciliaires, que les citoyens François Gro-« gnet et Claude Jeoffroy, deux commissaires « choisis par ledit conseil pour les subsistan-« ces, se sont transportés à Montenoison, que « là, accompagnés de Léonard Petit, pro-« cureur de la Commune de Montenoison, ils « se sont présentés chez les citoyens François « et Jacques Dugué, chez lesquels ils ont trou-« vé environ 80 bichets de différentes espè-« ces de grains et que comme ils voulaient « continuer leur visite dans d'autres endroits « de la maison, ils ont reçu un refus formel « de ces citoyens qui se sont lâchés en pro-« pos, les traitant de coquins, de scélérats, etc.

« qu'ils se f.... des arrêtés du département « et du district, qu'ils ont même colleté le « citoyen Grognet qui n'a pu se débarraser « de leurs mains qu'en criant au meurtre, à « l'assassin, qu'il a réclamé la loi auprès du « procureur de la commune de Montenoison « qui l'accompagnait, que ledit procureur, au « lieu de le protéger, s'est coalisé avec les au- « tres et a agi de même en leur disant qu'ils « méritaient d'être assommés à coups de bâ- « ton.

« Pourquoi ils demandent d'être autorisés à « requérir la force armée pour mettre en ré- « quisition l'excédent des grains pour l'appro- « visionnement de leurs marchés et de sévir « contre les citoyens Dugué et le procureur « de la commune de Montenoison afin que « l'ordre règne dans les marchés et que les « corps constitués soient en sûreté.

« Les administrateurs de ce district, sur ce « ouï le citoyen Bouy remplaçant le procureur « syndic.

« Considérant que le refus fait par les ci- « toyens Dugué à Montenoison est une in- « fraction à la loi et annonce encore une « mauvaise volonté d'être utile à ses concitoyens « que lesdits Dugué, d'après la réquisition « à eux faite ne pouvaient se refuser à la « visite que faisaient chez eux les commissai- « res de la Cne de Prémery qui y sont au- « torisés par la loi du 4 mai relatives aux « subsistances, ainsi que par l'arrêté du dé- « partement du 13 du présent mois, que le « procureur de la Cne de Montenoison, au lieu « de surveiller l'exécution de la loi parait « avoir contribué à sa violation, ainsi man- « qué de respect aux autorités constituées.

« Arrêtant qu'il sera pris dans son soin un « commissaire qui se transportera dans le « jour audit lieu de Montenoison, requerra la « municipalité dudit lieu de l'accompagner et « fera visite chez lesdit Dugué, veillera à ce « que les grains excédant ceux qu'ils sont en « droit de se réserver pour leur subsistance « jusqu'à la récolte prochaine soient employés « à approvisionner les marchés de Prémery, « en fera de même chez tous les propriétaires « de grains de ladite Cne de Montenoison, « prendra des informations sur la conduite « qu'ont tenue lesdits Dugué ainsi que le pro- « cureur de la Cne de Montenoison à l'égard « des commissaires envoyés par la Cne de « Prémery pour les subsistances et approvi- « sionnements de leurs marchés. Dressera du « tout procès-verbal qu'il rapportera à l'ad- « ministration pour être statué ce qu'il ap- « partiendra et en cas de refus des proprié- « taires et tous autres de se soumettre à l'exé- « cution de la loi requerra la force armée « pour la faire exécuter.

« Nomment à cet effet le citoyen Bonnet « administrateur du Directoire du District « de La Charité pour l'exécution du présent ».

Le même jour a lieu la réquisition des fusils de chasse, 33 sont livrés à l'administration.

Le 30 septembre 1793, le procureur de la commune fait assembler en séance publique les garçons de dix huit à vingt-cinq ans, mesure leur taille et n'en trouve que six ayant la taille réglementaire. Il leur donne ensuite lecture de la loi des 20 juillet et 23 août de la même année contenant une instruction sur la levée de 30.000 hommes de cavalerie puis leur demande si ce sera « le sort » ou le « scrutin » qui désignera celui d'entre eux qui devra partir. Tous choisissent le scrutin et Jean Gaudry, âgé de dix-neuf ans, huilier aux Maures est désigné par 4 voix sur 6.

31 janvier 1794. Petit, procureur de la commune change son titre en celui d' « Agent national ».

10 ventôse an II (28 février 1794). Le maire assisté des officiers municipaux s'est transporté au « temple » de cette commune et en a enlevé les ornements consacrés au culte.

12 ventôse an II (2 mars 1791). Les citoyens Claude Girault et Guillaume-Ambroise Pirou, commissaires, envoyés par l'administration du district de La Charité font à Montenoison « le recensement général des farines et grains ». Ils sont accompagnés dans leurs visites chez les particuliers par le maire Danteur, l'agent national Petit et les officiers municipaux Pierre Goux et François Chauve.

16 ventôse an II (6 mars 1794). Sur réquisition de Girardin, commissaire du district, la commune doit conduire à Prémery pour le 7 mars, 45 quintaux de tous grains payer en outre 60 livres pour indemniser le commissaire et les autres personnes chargées de se rendre avec lui dans la commune pour prélever cette réquisition.

Le même jour Eustache Paillard commissaire du district et nommé à cet effet vient à Montenoison où, assisté du citoyen Jean-Noël Lejault, officier municipal, il réquisitionne les « selles, brides, bridons, bridons d'abreuvoir, licols, sangles, houses, schabraques, couvertures de laine, cordes à fourrage, bottes à écuyères ou à la houssarde, peau de daim, de mouton pour culottes de peau, etc »

Parmi tous ces objets on ne trouva que sept selles garnies qui devaient être conduites à Prémery par les soins des officiers municipaux après que ceux-ci eurent délivrés des reçus aux propriétaires.

27 ventôse an II (17 mars 1794). La municipalité dresse la liste des « volontaires ! », qui ont droit aux secours de la République.

13 germinal an II (2 avril 1794). Le citoyen Berger, agent national pour la fabrication du salpêtre dans l'étendue du district de La Charité se présente devant le conseil général de la commune et fait nommer un de ses membres pour l'assister dans la recherche des endroits salpêtrés. Il requiert le conseil de faire faire des cendres avec la plus grande activité pour fabriquer du salpêtre; il requiert aussi les lessives pour la même raison.

Le conseil général réuni en séance quatre jours plus tard, décide de délivrer les cendres qu'il pourra car le bois est rare et à peine suffisant pour les besoins de la commune.

22 germinal an II (11 avril 1794). Les commissaires Buy-Normand, Chaumette et Paillard sont envoyés à Montenoison par l'administration du district pour faire le recensement très exact et très scrupuleux » de tous les grains et farines existant dans la commune. Ils se firent assister dans leurs opérations par le maire Léonard Danteur, Jacques Chaufournier, Léonard Petit, Jean Noël Lejault, et François Lechauve désignés par le Conseil. Ce recensement eut lieu sur l'ordre de Noël Pointe représentant du peuple à Nevers.

28 germinal, an II (17 avril 1794). Le conseil nomme les citoyens Pierre François et Claude Maupetit pour vérifier la liste des réclamations des parents qui prétendent avoir droit aux secours accordés par la loi.

10 floréal an II (29 avril 1794). Le conseil général de la commune a reçu les citoyens Lefèvre et Loyseau commissaires nommés par l'ad. du district de La Charité pour aider les municipalités à dresser « la liste des comptes et décomptes des familles des défenseurs de la Ptarie qui ont droit aux secours nationaux. Les intéressés se sont présentés à la mairie où ils ont nommé Eustache Gilet et Claude Maupetit pour vérifier leurs titres. Trente reçurent des secours distribués par Pierre Dagouneau et François Lejault les deux plus fort contribuables de la commune.

15 floréal an II (4 mai 1794). Le citoyen Jean-Baptste Petit, désigné par l'ad. du district fait le recensement des cochons de la commune, il est assisté dans sa tâche par André Dagouneau nommé par le conseil.

Le même jour, le conseil fait connaitre au Directoire du district de La Charité que les seuls biens nationaux invendus comprennent :

1o Un pré dans la prairie de Montenoison provenant de l'émigré Pracomtal produisant 13 charretées de foin.

2o Un autre pré dit de Borne, appartenant au même et donnant 7 charretées de foin.

3o Deux journaux de terre labourable tenant au couchant à Jacques Vannier et du nord au chemin de Montenoison à Champallement appelés Pasrays.

4o Une hâte de pré produisant 25 bottes de foin situé dans la prairie de Montenoison et provenant de la fabrique.

20 messidor an II (7 août 1794). La municipalité nomme les citoyens Pierre Dagouniot, François Chambon, Jacques Chaufournier et Louis Maupetit, l'aîné pour faire la visite des chevaux et juments et en dresser la liste.

Ce même jour, le comité de surveillance est renouvelé par un vote du maire et des officiers municipaux. Il comprend :

Jacques Chaufournier, Pierre Dagonneau, François Lejault, François Chambon, Jean Charton, Jean Thomas, Jean-Elie Geoffroy, Pierre Dameron, Claude Barbarin, Etienne Lechauve, Claude Barbarin, Antoine Ray.

La visite des chevaux a lieu deux jours plus tard, cinquante animaux sont recensés ; quatorze propriétaires en possèdent de 2 à 8.

1er Messidor, an II. Le citoyen Dabencourt, agent de la commission du commerce et des approvisionnements de la République, en résidence à Coulanges-sur-Yonne se présente à la municipalité escorté de deux gendarmes de la brigade de Clamecy. Il la requiert : 1o de mettre à la disposition des marchands de bois qui ont exploité aux environs, tous les charretiers pour conduire de la moulée sur les ports. En cas de besoin, toutes autres personnes pourront être requises par le citoyen Thomas de Clamecy ou par tout autre commis sans déranger les marchés faits avec des marchands de bois.

2° De veiller à ce que le citoyen Métairie n'enlève pas le charbon provenant des bois de Borne et de la Fraile sans être muni d'un permis, du citoyen Dabencourt. Ce charbon étant requis pour l'approvisionnement de Paris.

Le 18 messidor an II. Un ancien administrateur du district, le citoyen Paillard fait avec deux officiers municipaux le recensement des laines dans la commune: résultat inconnu.

Le 22 messidor an II, le conseil nomme deux délégués: Claude Dagonneau et Claude Maupetit pour former avec ceux des autres communes un « jury cantonal de vérification », auquel seront soumises les demandes de secours formulées par les familles des défenseurs de la Patrie. A la suite de cette vérification Pierre Goux et Jacques Chaufournier sont nommés, le 30 messidor, par la municipalité pour distribuer aux intéressés les secours accordés par le jury cantonal.

Un commissaire envoyé par l'administration du district pour procéder au recensement des grains, reçoit le 13 vendémiaire an II, les déclarations puis, le jour suivant, cette même administration fait nommer par le maire et les officiers municipaux, les citoyens François Chambon et Pierre Antoine Nozières qui acceptent pour vérifier les déclarations en « leur âme et conscience ».

A la suite d'une délibération du 15 brumaire, an III on lit la mention suivante: « Liberté, Egalité ou la mort ».

18 brumaire an III, le citoyen Pierre Fournier se présente à la municipalité pour connaitre les causes du retard apporté dans le

transport du bois destiné au chauffage de la capitale. Il constate lui même que le transport du bois « de moulé » n'avait été jusqu'à ce jour l'objet d'aucune réquisition et que les charretiers de la commune en avaient conduit sur les ports autant que la « rareté du bois, la cherté des bœufs et les besoins de la culture l'avaient permis ».

10 frimaire an III. D'après la loi du maximum, le conseil fixe le salaire quotidien des personnes employées à la fabrication du salpêtre et partant celui des autres journaliers à

2 livres 10 sous pendant la moisson.

2 livres depuis la moisson jusqu'au premier vendémiaire.

1 livre 5 sous du premier vendémiair au premier germinal.

20 frimaire an III. Joseph Lebault, commis des forges de Sauvages présente une réquisition du district de La Charité ordonnant de délivrer aux ouvriers de Sauvages 20 quintaux de froment et 10 d'orge que Montenoison prélèvera sur la quantité qu'il doit fournir au marché de Prémery.

17 nivôse an III. Un administrateur du district, Dayraigne vient à Montenoison pour y faire exécuter les arrêtés du Comité de salut public, ordonnant de fournir l'approvisionnement des marchands de bois des chefs-lieux de canton et de conduire sur les « bois de moulé » réquisitionnés.

23 nivôse an III. Le citoyen Eustache Paillard est envoyé par le district à Montenoison pour faire le recensement des cochons. Les citoyens Léonard Danteur et Pierre Goux, nommés par les officiers municipaux et le conseil général, l'accompagnement dans sa mission.

On lit dans le procès-verbal établi à cette occasion que « certaines personnes ont dû vendre leurs cochons étant forcés de manger la nourriture destinée à ces vils animaux ». Cette mention paraît une excuse faite au citoyen Paillard qui n'était sans doute pas satisfait du petit nombre de porcs trouvés; mais si elle est vrai elle nous donne une idée de la misère qui régnait à cette époque. La cherté des animaux dont nous parlerons ci-dessous nous fournit la même indication.

11 pluviôse an II. Le citoyen Desvareilles, commissaire du district, nommé par arrêté du 13 nivôse pour choisir les 13 meilleurs bœufs du canton de Prémery donne connaissance à la municipalité de Montenoison que la commune est taxée à fournir quatre bœufs et un bouvier pour les conduire. Ledit commissaire est à Montenoison le 16 pluviôse où le maire et les officiers municipaux lui présentent les quatre bœufs demandés. Deux de ces animaux, âgés de six ans sont vendus par Lejault 3500 livres d'après l'estimation de Pierre Dagonneau, expert et les deux autres âgés de cinq ans par Chaufournier pour 3.300 livres. Ces quatre animaux devaient être à Prémery le samedi suivant 18 pluviôse à 6 heures du matin.

19 pluviôse an III. (9 février 1795). Les administrateurs du district statuent sur « la pétition du citoyen Pierre Nozières, ci-devant « prêtre résidant dans la commune de Mon- « tenoison, tendant à n'être pas compris dans « les dispositions de l'article 4e de l'arrêté du « représentant du peuple Guillemardet, délé- « gué dans le département de la Nièvre, qui « enjoint à tous les ci-devant prêtres de fi-

« xer leur domicile dans les chefs-lieux de « district ou dans les communes dont la po- « pulation est au-dessus de 5.000 habitantns ».

Pierre Nozières avait produit à l'appui de sa demande, un certificat des officiers municipaux de Montenoison attestant qu'il se rendait utile à la République et à l'agriculture.

En conséquence, « les administrateurs du « district, oui l'agent national Considérant que « l'article 7 de l'article du peuple excepte « des mesures de sûreté prises envers les ci- « devant prêtres ceux qui se sont mariés ou « qui ont pris une profession utile à la Ré- « publique pourvu qu'ils obtiennent des ad- « ministrateurs du district et un certificat « qui constate leur conduite paisible et leur « patriotisme. Considérant que d'après le té- « moignage de la municipalité de Montenoison « en faveur du pétitionnaire il résulte qu'il « est occupé utilement dans cette commune « qu'il a toujours été paisible et donné des « preuves de civisme.

« Arrêtent que le citoyen Nozières est au- « torisé à continuer son domicile dans la « commune de Montenoison qu'il peut tou- « jours s'occuper aux travaux de l'agricultu- re ».

23 germinal an III. Ce jour-là à huit heures plin et Montenoison au nombre de trois cent quarante six se présentent dans la maison commune où se trouvent le maire et l'agent national. Elles somment ce dernier de leur remettre la clef de l'église, sinon elles en feront sauter la porte, disent-elles. Devant ses hésitations, quelques-unes le menacent de lui briser les membres, puis passant des paroles aux actes, les plus déterminées lui mettent la main au collet. Ce geste énergique décide l'agent national qui craint pour sa vie à leur remettre l'objet demandé.

Encouragées par ce succès, ces dames se dirigent en criant, jurant chez le curé, le citoyen Nozières. La menace à la bouche, elles lui demandent de dire la messe à l'église. Il leur répond que la Convention s'étant réservée les églises, il ne dira pas sans son ordre, de messe en ce lieu, car il se compromettrait.

Cette réponse a le don de les exaspérer davantage, et, furieuses, elles se précipitent sur lui, le saisissent par les habits et « comme on conduit un criminel en prison », dit le procès verbal de l'incident, le conduisent sur la montagne, à l'église, où il est forcé de s'exécuter, c'était à l'église et non ailleurs qu'elles voulaient entendre la messe. Mais là, une nouvelle difficulté se présenta. L'église ne contenait qu'une aube et une chasuble.

Les révoltées se rendent donc dans les maimaisons du bourg et en rapportent ce qui leur paraît nécessaire pour la solennité de la messe que le citoyen Nozières, célébrera.

Cette équipée inquiéta la municipalité; aussi, les officiers municipaux revêtus de leurs écharpes, se rendirent à l'église pour y faire la police comme il est dit à l'article VI de la loi du III ventôse an III. Procès-verbal de cette affaire fut dressé et signé Briffault, officier national, Lejault, officier national; Goux, officier national, Nozières, Petit, agent national.

Pourquoi ces femmes des communes voisines étaient elles venues à Montenoison? Tout simplement parce que Montenoison était seule à posséder un curé. Le curé d'Oulon, Moreau avait pris un passeport pour l'étranger; ses confrères de Champlin et Moussy, MM. Moreau et Loret l'avaient sans doute imité.

29 floréal an III. Les citoyens Journot, brigadier et Archambault, gendarmes à Prémery déposent à la mairie un extrait du registre des arrêtés du Comité de Salut public de la Convention nationale daté du 4 floréal. Cet arrêté stipulait que toutes les réquisitions faites en dehors de lui seraient nulles et de nul effet; que tous les volontaires qui seraient revenus du bataillon sans congé ou avec congé non légal, seraient obligés dans le troisième jour de la réception du présent arrêté, de rejoindre. Le procès-verbal de la réception de cet arrêté porte la signature du citoyen curé qui signa: Nozières, commis greffier.

6 thermidor an III. Barthélémy Giraud, commissaire adjoint du bois pour l'approvisionnement de Paris, notifie à la municipalité pour être affiché et publié tant à Montenoison qu'à Noison un arrêté pris contre les voituriers et propriétaires qui refusent de conduire sur les ports les bois nécessaires au chauffage de la capitale. La copie de cet arrêté pris par Jourdan, représentant du peuple est certifié conforme par Tenaille de Saligny.

8 brumaire an IV. Le curé prête serment de fidélité à la République dans les termes suivants: « Je reconnais que l'universilatié des citoyens français est le souverain et je promets soumission et obéissance aux lois de la République ».

Le procès-verbal de cette prestation de serment est signé: Nozières et Petit, agent national.

(Rien d'intéressant pendant l'année 1796).

25 germinal an V. A cette date eut lieu l'élection de l'agent national et de l'adjoint. Cette élection faite en conformité de l'article 179 du Titre VII de la constitution et de la loi du 25 fructifor an IV est assez curieuse par sa complication comme on le verra ci-dessous.

L'assemblée formée, les électeurs nomment sans doute par acclamation:

1re opération

Président d'âge: Claude Naudot.

Scrutateurs: François Chambon, Claude Naudot, le jeune et Léonard Danteur.

Secrétaire: le plus jeune des membres de l'assemblée J. P. Dagonneau.

2e opération

Sont élus président: Pierre-Antoine Nozières, curé.

Scrutateurs: François Chambon, Claude Naudot, Léonard Danteur.

Secrétaire: Jean-Pierre Dagonneau.

3e opération

Sont nommés: adjoint, Gilles Dagonneau.

Ils acceptent leurs fonctions et font im-
Agent: Léonard Petit.
médiatement le serment de « maintenir de tout pouvoir l'acte de la Convention française et de maintenir le bon ordre, la justice et l'exécution des lois dans toute la commune ».

10 ventôse an VII. Ce jour est dressé l'état nominatif de la garde nationale pour l'an VII et l'an VIII.

La garde nationale de Montenoison comptait les 3 officiers, 3 sous-officiers, 4 caporaux, 1 tambour et 108 hommes dont les noms suivent:

Capitaine: Gilles Dagonneau.

Lieutenant : Maritte Trotet.

Sous-lieutenant : François Petit.

Sergents : Claude Naudot et François Lejault.

Caporaux : Claude Maupetit, fils de Charles ; Antoine Briffault, Joseph Geoffroy et François Naudot.

Tambour : Jean Dumont.

Soldats, Montenoison

Jean Petit, dit le Gry ; Pierre Billot ; Jean Geoffroy ; Eustache Bernard ; Nicolas Billiot ; Claude Bouez ; Eustache Trameçon ; Jean Gauthier ; Jean Colmard, aîné ; Jean Rousseau ; Jean Charton ; Jean Colmard, jeune ; Léonard Billiot ; Jacq Duchemin ; Edme Charton ; Léonard Danteur ; Jacq Vannier ; Joseph Lauret ; Pierre Dameron ; Jn Hub. Adam ; Jean-Elie Geoffroy ; Edme Geoffroy, Jean Nandrot ; Louis Toupigné ; Jean Geoffroy ; Pierre Pinçon, Claude Rougenond ; Gabriel Geoffroy.

Le Bourg

Charles Gratté, Cl. Dagonneau,, Edme Gratté ; Jean Martin ; François Denis ; Claude Lauret ; Etienne Durand ; Louis Trotet et son fils ; Hubert Landry ; Guillaume Chambon ; Claude Trotet ; Jacq. Trotet ; André Dagonneau ; Léonard Madelin ; Pierre Gaudry, Eustache Gilet, Jean Trotet ; Marite Trotet ; J.-Pierre Gilet ; Pierre Gaux ; Cl. Barbarin ; Claude Vannier ; J.-Pierre Dagonneau ; Claude Trotet ; Jacq. Chaufournier ; Léonard Gaudry ; Etienne Thibaudot ; Pierre Lecond ; François Louault ; François Thoupigné ; Martin Coursier ; *Pierre Antoine Nozières,* Etienne Bouez ; Louis Grillot.

Noison

Louis Maupetit, le cadet; Philibert Hérault, Léonard Paget; Pierre Dagonneau; Claude Vallot; Valentin Gaudry; Pierre Page; Louis Maupetit, le jeune; Pierre Seutin; François Lechauve; Pierre Hérault; Antoine Niaudot; François Beruart; Dominique Trotet; Valentin Maupetit; Jean Hérault; Louis Gaudry; Léonard Maupetit; François Paillard; Jean Louault; Edme Lechauve; Jean Vallot; François Bouchetard; Germain Thomas; Jean Niez; Mathieu Léveillé; Pierre Louault; Edme Soleil; François Gaudry, l'aîné; Claude Louault; Jean Prodhet; François Gaudry; Edme Dumont; Pierre Monin; Edme Danteur; Jean Dodinot; Jean Ca...; Charles Maupetit; Nicolas Bouchetard; Louis Alexandre; Claude Maupetit; Pierre Guian; Jean Hérault; Bte Maupetit.

Vœu sur l'hérédité dans la famille
NAPOLEON BONAPARTE

« Ce jourd'hui 20 floréal an XII de la République française une et indivisible.

« Nous adjoint avons convoqué à la Mairie « le conseil municipal pour délibérer sur l'hérédité dans la famille de Napoléon Bonaparte, et après les scrutins dépouillés, il « s'est promué que l'adjoint et les membres « du conseil municipal et les citoyens ci- « après nommés ont tous émi leur vœu sur « l'hérédité, savoir :

Membres du Conseil municipal : Léonard Maupetit, Claude Maupetit, Jean Maupetit, Léonard Charton, Claude Naudot, Antoine Ray, Jean Elie Geoffroy, François Chambon, Claude Vallot, Antoine Briffault, Gilles Dagonneau, Claude Vannier.

Citoyens actifs

François Petit, Jean Petit, Etienne Thibaubat, Charles Maupetit, Pierre Rouée, Edme Danteur, Claude Léonard, Pierre Poulin, Louis Maupetit, le cadet. (Pierre Cointe, Jean Thomas, Pierre Lehcauve, Louis Maupetit).

(Ces quatre derniers soldats retirés avec congé de réforme). et enfin toute la commune entière ont émis leur vœu au moment de la lecture de l'arrêté de publication du Préfet. Pierre Dagonneau, maire, absent à l'ouverture de la séance n'est arrivé qu'à la fin de la séance et a émis son vœu. »

7 avril 1811. Le sieur Giurin commandant de la gendarmerie à Prémery installa quatre Portugais comme « Garnisaires », pour le compte des nommés Cyr Lechauve et Jean Danteur, soldats, le premier étant muni d'un congé et le second considéré comme déserteur. Ces Portugais ont été retirés le 11 avril à 4 heures du soir.

1815. *L'invasion.*

Après une gloire chèrement acquise par vingt-cinq années de guerre pendant lesquelles sa jeunesse avait été fauchée sans relâche dans de sanglantes hécatombes sur tous les champs de bataille de l'Europe, la France épuisée avait déjà subi une catastrophe, elle allait encore en connaître une nouvelle.

Après Waterloo, et, de tous les pays de l'Europe, des hordes étrangères, plus d'un million d'hommes accoururent à la curée et vécurent à discrétion sur notre territoire.

Les campagnes nivernaises ne furent pas épargnées, les envahisseurs leur imposèrent des charges écrasantes en réquisition de toutes sortes; elles devaient pourvoir à l'habillement, à l'équipement, au logement, au cantonnement, et à la nourriture des troupes alliées ce qui ne les mettaient pas toujours à l'abri du pillage.

La commune de Montenoison fut frappée de réquisitions par plusieurs détachements autrichiens qui l'occupèrent du 30 au 31 juillet, du 9 au 20 août. Elle dut également répondre aux réquisitoires de la Sous-Préfecture de Cosne, pour approvisionner les magasins militaires de La Charité et de Cosne, et ce ne fut pas toujours facile.

Le maire de Montenoison éprouva quelques difficultés dans l'accomplissement de sa tâche, ainsi que nous le démontre un reçu, signé: Voille de Villarnou, commissaire pour les vivres, au bal duquel se trouve le nota suivant: « M. le maire de Montenoison est invité à compléter sa réquisition sans aucun retard surtout en bestiaux. Il sait qu'il y va de sa tranquillité personnelle .»

Un mois plus tard, le sous-préfet de Cosne lui écrivait:

« En vertu d'un ordre particulier de Son A. R., le prince commandant en chef les troupes alliées dans cet arrondissement. Le Sous-Préfet de Cosne, requiert M. le Maire de Montenoison, sous peine d'exécution militaire, dans les vingt quatre heures, par ordre exprès de M. le chef de l'Etat-major de l'armée de fournir le 14 au plus tard au magasin de Cosne, 200 doubles d'avoine, 100 de froment, 100 d'orge, 100 bottes de foin, 1500 livres de viande. Cette réquisition ne peut souffrir ni retard, ni réclamation.

Je préviens M. le Maire que les communes de Perroy, Dampierre et Saint-Loup sont exécutées militairement aujourd'hui pour n'avoir pas obéi au réquisitoire et qu'il en sera de même si M. le Maire de Montenoison n'obéit pas. »

Le 20 septembre, le Maire n'envoya qu'une faible partie des fournitures demandées. Alors, M. le Sous-Préfet emploie un moyen plus énergique pour obtenir satisfaction. A la date du 24 septembre, il « Ordonne aux sieurs Chappe et Courton, militaires retirés de se transporter à Montenoison et d'y rester en garnison, au domicile du maire, jusqu,à ce que les différentes réquisitions frappées sur la commune pour les magasins de Cosne « ayent » été acquittées.

Ils seront nourris et payés à raison de cinquante sous par jour, les deux premiers jours; de quatre francs pour les deux jours subséquents, enfin de six francs pour les autres jours. Leur solde à cinquante sous datera du 24.

Si M. le Maire n'obtempère pas à cette sommation, sa commune sera exécutée militairement et il sera tenu responsable de tous les évènements ». (Chiappe et Courtou restèrent huit jours à Montenoison).

Devant certaine mauvaise volonté le Maire est obligé de sévir; ainsi il met deux garnissaires chez le sieur Demont, où ils restèrent deux jours.

Les choses n'allaient pas mieux le 14 octobre. A cette date, le Sous-Préfet de Cosne ordonne « à quatre militaires français retirés de se rendre à Montenoison et de s'y placer en garnissaires au domicile du Maire jusqu'à ce que la commune ait satisfait aux différentes frappées sur elle.

Les garnisaires seront nourris et payés à raison de 2 fr. 50 par jour; ils seconderont le maire pour activer les réquisitions et dans le cas ou les objets n'auraient pas été préparés et dirigés sur Cosne, au terme fixé par les réquisitoires. L'un deux se détachera pour nous en donner avis et aussitôt la commune sera exécutée militairement. Les garnisaires remettront le réquisitoire destiné au maire d'Arthel, et si ce fonctionnaire a besoin de leur secours, il est autorisé à les employer aux conditions ci-dessus. »

En plus des réquisitions qu'elle dut fournir, la commune paya 140 fr. pour dix jours d'exécution militaire.

Nous faisons connaitre dans le tableau ci-dessous les fournitures de toute nature faites aux troupes alliées par la Cne de Montenoison pendant l'occupation.

Il est dû à:

Mme Vve Alexandre, 7 fr. pour couvert d'officiers.

Adam Vve Hubert, 25 fr. 30, pour 2 boisseaux 1/4 froment, 1/4 bois. d'orge, 1 mouton de 20 livres, 1 fr. 34 couvert d'officiers.

Adam Pierre, 61 fr. 55 pour 1/4 boiss. de froment, 4 boiss. d'orge, 14 fr. 40 couvert d'officiers, 62 bottes de foin.

Bouziat Jean Noël, 23 fr. 50 pour 3 boiss. d'orge, 4 b. 1/4 d'avoine, 7 fr. couvert d'officiers.

Bouchetard François, 120 fr. 90 pour 2 boisseaux de froment, 4 boiss. d'orge, 1 taureau de 190 livres de viande, 20 fr. couvert d'officiers.

Bouchetard Nicolas, 138 fr. 20 pour 4 boisseaux de froment, 12 boiss. d'orge, 2 boiss. d'avoine, 1/4 de vache de 75 livres, 2ç fr. couvert d'officiers.

Briffault Antoine, 21 fr. 05 pour 1 boisseau de froment, 4 boiss. d'orge, 2 fr. couvert d'officiers, 9 livres de pain.

Billaut François, 26 fr. 25 pour 1 boisseau de froment, 19 bottes de foin, 16 fr. couvert d'officiers.

Billaut Léonard, 50 fr. 20 pour 2 boisseaux de froment, 2 boiss. de méteil, 6 boiss. d'orge, 60 bottes de foin, 20 livres de pain, 3 fr. 50 couvert d'officiers.

Billaud Jean, 191 fr. 30, pour 6 boisseaux de froment, 8 boisseaux d'orge, 3 boiss. d'avoine, 1 vache de 320 livres, 50 bottes de foin, 18 fr. couvert d'officiers.

Beaumier Joseph, 299 fr. 05 pour 3 boisseaux de froment, 10 boiss. de seigle, 20 boiss. d'orge, 1 taureau de 290 livres, 1 millier de foin, 18 livres de pain, 24 fr. couvert d'officiers, 10 fr. de pillage.

Bouziat François, 21 fr. 10 pour 2 boiss. de froment, 20 livres de pain, 4 fr. 90 couvert d'officiers.

Barbarin Claude, 22 fr. 25, pour 2 boisseaux 1/2 d'orge, 15 bouteilles de vin, 20 livres de pain, 18 fr. couvert d'officiers.

Bouez Claude, 18 fr. 30 pour 2 boisseaux 1/2 d'orge, 10 fr. 50 couvert d'officiers.

Chaufournier Jacques, 5 fr. pour 5 fr. couvert d'officiers.

Chaufournier Nicolas, 39 fr. 15 pour 1 boisseau de froment, 1 boisseau d'orge, 10 livres de pain, 3 fr. couvert d'officiers, 10 fr. de pillage.

Charton Léonard, 5 fr. 10 pour 1 boisseau d'orge, 2 fr. couvert d'officiers,.

Chaufournier Philibert, 820 fr. 60 pour 50 fr. de pillage, 10 boisseaux de froment, 29 boiss. d'orge, 30 boiss d'avoine, 1 bœuf de 300 livres, une vache de 390 livres, 100 bouteilles de vin, 7 milliers de foin, 20 livres de pain. 110 fr., couvert d'officiers.

Charton Vve Edme, 230 fr. 80 pour 4 boisseaux de froment, 4 boiss. de seigle, 10 boiss. d'orge, 12 boiss. d'avoine, 1 taureau donnant 190 livres, 42 fr. couvert d'officiers et 20 fr. de pillage.

Colmard Jean,. 52 fr. 35 pour 1 boisseau de froment, 1 boisseau d'orge, 4 fr. couvert d'officiers, 20 livres de pain, 1 millier et 29 bottes de foin.

Chambon Guillaume, le jeune, 477 fr. 15 pour 80 fr. de pillage, 7 boisseau de froment, 14 boisseaux d'orge, la moitié d'une vache ou 190 livres, 1 taureau pesant 200 l. 68 fr. 18 couvert aux officiers, 2 milliers et 20 bottes de foin, 23 livres de pain.

Cornu Cl. à Moussy par Chambon, 585 fr. pour 16 boisseaux de blé, 6 boiss. d'orge, 2 taureaux pesant 690 livres, 4 milliers de foin, 95 fr., couvert d'officiers.

Chambon Guillaume, l'aîné, 646 fr. 45 pour 16 boisseaux de froment, 140 fr. de pillage,

5 boiss. et demi d'orge, 2 vaches pesant 550 livres, 4 milliers et 50 bottes de foin, 26 livres de pain, 95 fr. couvert d'officiers.

Coque Jean, 26 fr. 60, 2 boisseaux d'orge, 30 bottes de foin, 3 fr. 60 aux officiers, 1 fr.18 couvert d'officiers.

Chagniat Louis, 1 fr. pour couvert d'officiers.

Duchemin Jean, la veuve, 804 fr.85 pour 90 boisseaux de froment, 3 boiss. de seigle, 2 boisseaux d'orge, 6 boiss. d'avoine, 1 taureau donnant 260 livres de viande, 168 fr. couvert d'officiers.

Dagonneau Augustin 196 fr. 15, pour 3 boisseaux de froment; 10 boisseaux d'avoine; 6 boisseaux d'orge; 50 bottes de foin; 38 fr. 30 couvert d'officiers; 24 livres de pain.

Dagonneau Gilles, 175 fr. 35 pour 20 francs de pillage; 5 boisseaux de froment; 11 boisseaux d'orge; 1 millier et 50 bottes de foin; 40 francs couvert d'officiers.

Durand Etienne, 27 fr.90 pour 6 boisseaux d'orge; 18 livres de pain; 7 fr. 90 couvert d'officiers.

Danteur Edme, 166 fr. 80 pour 20 francs de pillage; 6 boisseaux de froment; 18 boisseaux de seigle; 75 livres de vache; 20 fr. couvert d'officiers; 1 millier de foin; 18 livres de pain.

Dodinot Valentin, 97 fr. 70 pour 20 francs de pillage; 1 boisseau de froment; 8 boisseaux 1/4 d'orge; 75 bottes de foin; 19 livres de pain; 20 fr. 50 couvert d'officiers.

Dumont Jean, la veuve, 10 fr. 90 pour 1 officiers.

Dumont Edme, la veuve, 53 fr. 50 pour 7 boisseaux d'orge; 75 bottes de foin; 18 livres de pain; 7 fr. 50 argent aux officiers.

Daudier Charles, 40 fr. 80 pour quart de boisseau de froment; 3 boisseaux un quart d'orge; 40 livres de vache; 25 bottes de foin; 8 francs argent aux officiers.

Danteur Jean, 197 fr. 45 pour 10 fr. de pillage; 5 boisseaux de froment; 13 bois. d'orge; 3 bois. d'avoine; 1 taureau pesant 191 livres viande; 75 bottes de foin; 15 fr. en argent aux officiers.

Dagonneau J. P. pour M. Bétré, 1.083 fr. 40 pour 1 vache de 340 livres de viande; 70 fr. 90 couvert d'officiers.

(Réquisition établie pour les bons de ce dernier. Dag. J. P. pour son propre compte a fourni 4 boisseaux de froment; 8 de méteil; 2 d'orge; 34 d'avoine; 1 bœuf de 340 livres de viande; 1 vache de 290 livres; 4 milliers de foin; 119 fr.69 couvert d'officiers.

Dagonn. J. P. pour Vve Frébault, pour 10 boiss. froment; 20 boiss. de métal.

(Dans le texte ci-dessus, M. de Bétré a fourni 293 fr. 20. J. P. Dagonneau 749 fr.40, il réclame en outre 150 fr. de pillage. La contribution de la Vve Frebault s'élève à 70 fr. 80 pour 4 boiss. d'orge; 55 boisseaux d'avoine; 3 bœufs de 1300 livres; 8 milliers de foin; 50 bottes de foin; 40 livres de pain; 130 fr. couvert d'officiers.

Dagonneau Jn. P. fipi 241 fr. 65 pour 6 boisseaux froment; 8 boiss. d'orge; 8 boiss. d'avoine; 1 taureau de 100 liv. de viande; 1 millier et 75 bottes foin; 20 livres de pain; 45 fr. 87 couvert d'officiers.

Durand, la veuve, 23 fr. 35 pour 1 boisseau de froment; 45 bottes de foin; 10 livres de pain; 9 fr. couvert d'officiers.

Dumont Pierre Pelé, 805 fr. 70 pour 60 fr. pour pillage; 15 boisseaux de froment; 16 boiss. d'orge; 10 boiss. d'avoine; 3 vaches pesant 900 liv. viande; 25 bouteilles de vin; 5 milliers et 50 bottes de foin; 60 livres de pain; 197 fr. pour couvert d'officiers.

Dagonneau Jean-Jean, 25 fr. 70 pour 2 boisseaux d'orge; 25 bottes de foin; 12 fr. couvert d'officiers.

Dameron Pierre, 26 fr. ? ? ?.

Dameron François 122 fr. dont 20 fr. pour pillage; ? ? ?.

Gratté Edme 39 fr. 90 pour 2 boisseaux de froment; 5 boisseaux d'orge; 34 bottes de foin; 15 livres de pain; 4 fr. couvert d'officiers.

Geoffroy Joseph, le jeune 610 fr. 20 pour 80 fr. pour pillage; 6 boisseaux de froment; 6 boisseaux d'orge; 10 boisseaux d'avoine; 1 boeuf de 400 l. de viande; 1 taureau de 180 l.; 5 milliers de foin; 80 fr. 09 couvert d'officiers.

Gaudry Pierre, charron 4 fr. pour 10 livres de pain; 3 fr. couvert d'officiers.

Geoffroy Jean-Elie 299 fr. 50 pour 30 fr. de pillage; 3 boisseaux de froment; 10 boiss. d'orge; 14 boiss. d'avoine; 1 vache de 320 livres; 1 millier de foin; 20 livres de pain; 55 fr. couvert d'officiers.

Geoffroy Edme, 257 fr. pour 30 fr. de pillage; 8 boisseaux de froment; 10 boiss. d'orge; 10 boiss. d'avoine; 1 taureau de 140 livres; 1 millier et 20 bottes de foin; 20 livres de pain; 41 fr. couvert d'officiers.

Geoffroy Joseph, 53 fr. 10 pour 3 boiss. de froment; 4 boisseaux d'orge; 18 livres de pain; 21 fr. 65 couvert d'officiers.

Gratté, veuve 19 fr. 70 pour 3 boisseaux de froment; 6 livres de pain; 0 fr. 50 couvert d'officiers.

Gaudry Léon 42 fr. pour 1 boisseau froment; 5 quarts d'orge; 75 bottes de foin; 6 fr. aux officiers.

Gillet Jean, 23 fr. 30 pour 65 livres de vache; 2 fr. 60 aux officiers.

Goux Pierre, 10 fr. 45 pour 25 bottes de foin; 20 livres de pain; 10 fr. 43, argent aux officiers.

Gaudry Léonard, 38 fr. 35 pour 3 quarts de froment; 2 boisseaux d'avoine; 40 livres de vache; 25 bottes de foin; 4 fr. 90 aux officiers.

Gaudry Valentin, veuve, 36 fr. 40 pour 2 boisseaux de froment; 4 boisseaux d'orge; 25 bottes de foin; 5 fr. couvert d'officiers.

Gaudry Jean, 26 fr. 50 pour 1 boisseau de froment; 5 boiss. d'orge; 18 livres de pain; 55 fr. aux officiers.

Guyon Pierre, 5 fr. 15 pour 1 mouton; 20 livres de pain.

Gillet André, 23 fr. 20 pour 2 boisseaux de froment; 25 bottes de foin; 7 fr. 50 couvert d'officiers.

Gaudry François, 4 fr. 20 pour 12 livres de pain, 3 fr. couvert d'officiers.

aux officiers.

Laurot Joseph, 102 fr. 85 pour 1 boisseau d'orge; 10 boiss. d'avoine; 100 livres de taureau; 2 milliers et 50 bottes de foin; 82 fr. 60

Lancery Antoine, 319 fr. 75 pour 30 fr. de pillage; 7 boisseaux de froment; 12 boiss. de froment; 1 taureau de 200 livres; 25 bottes de foin; 12 fr. 25 aux officiers.

Lejault François, garde, 52 fr. 40 pour 32 fr. 40 aux officiers; pillage 20 fr.

Lejault Jean-Noël 451 fr. 50 pour 14 boisseaux de froment; 18 boisseaux d'orge; 22 boisseaux d'avoine; 1 vache de 200 livres; 1 taureau de 200 livres; 4 milliers de foin; 20 livres de pain; 20 fr. 20 aux officiers.

Lechauve Edme, le jeune 7 fr. 7 fr. aux officiers.

Larrivé Claude, 93, pour un quart de froment; 6 boisseaux d'orge; 1 taureau de 110 livres; 25 bottes de foin; 10 fr. aux officiers.

Lechauve Paul, la veuve, 23 fr. 30 pour 5 boisseaux d'orge; 18 livres de pain; 5 fr. aux officiers.

Lechauve François, veuve 4 fr. 90 pour 3/4 d'orge;

Louhault, la veuve, 3 fr. 80 pour 1/4 d'orge; 2 fr. aux officiers.

Lechauve Etienne, 13 fr. 50 pour 2 boisseau d'avoine; 25 bottes de foin; 10 livres de pain; 2 fr. couvert d'officiers.

Laville Pierre 7 fr. 60 1 boisseau d'orge;

Lechauve Edme, 55 fr. 50 pour 2 boisseaux d'orge, 10 boiss. d'avoine; 75 livres de vache; 25 bottes de foin; 16 livres de pain; 3 fr. aux officiers.

Gaudry Louis, 86 fr. 60 pour 8 boisseaux de froment; 1 boiss. de mouture; 1 boiss. d'orge; 2 boiss. d'avoine; 75 livres de vache; 2 livres de pain; 8 fr. couvert d'officiers.

Garnier François, 88 fr. 50 pour 8 boiss. d'avoine; 12 livres de taureau; 15 livres de pain; 9 fr. pour couverts d'officiers.

Hérault Philibert, 164 fr. 50 20 fr. pour pillage; 8 boisseaux de froment; 6 boisseaux d'orge; 4 boiss. 1/2 d'avoine; 116 livres de taureau; 50 bottes de foin; 20 livres de pain; 15 fr. couvert d'officier.

Hérault Gilles, 127 fr. 40 pour 10 fr. de pillage; 6 boisseaux de froment; 3/4 boiss. de seigle; 8 boiss. d'orge; 5 boiss. d'avoine; 75 livres de vache; 30 bottes de foin; 20 livres de pain; 15 fr. couvert d'officiers.

Hérault François 39 fr. 70 pour 1 boiss. d'avoine; 22 livres de pain; 6 fr. couvert d'officiers; 30 fr. pour pillage.

Hérault Pierre, 125 fr. 55 pour 10 fr. de pillage; 10 boisseaux de froment; 5 boisseaux d'orge; 1/4 boiss. d'avoine; 50 bottes de foin; 18 livres de pain; 25 fr. couvert d'officiers.

Hérault Jean, 181 fr. 55 pour 10 fr. de pillage; 3 boiss. de froment; 1/4 de mouture; 5 boiss. d'orge; 10 boiss. d'avoine; 200 livres de taure; 1 millier de foin; 25 livres de pain; 10 fr. pour couvert d'officiers.

Jouvet Marguerite, 5 fr., pour un quart de mouture; 2 fr. couvert d'officiers.

Larrivé François-Jean 133 fr. 85 pour 1 boisseau de froment; 1 boiss. d'orge; 1 millier et 50 bottes de foin; 180 livres de taureau; 81 fr. couvert d'officiers.

Maupetit Philibert Valentin 402 fr. 50 ???

Maupetit Jean, 113 fr. 75 pour 10 fr. pour pillage; 2 boisseaux de froment; 10 boiss. d'orge; 4 boiss. d'avoine; 75 livres viande de vache; 75 bottes de foin; 18 livres de pain; 7 fr. 25 couvert d'officiers.

Maupetit Bte, 89 fr. 85 pour 9 fr. de pillage; 4 boisseaux de froment; 4 b. 1/2 d'orge; 3 b. 1/2 d'avoine; 75 bottes de foin; 26 livres de pain; 24 fr. de couvert d'officiers.

Monnin Pierre, 173 fr. 50 pour 1 boisseau d'orge; 2 fûts de vin; 6 bouteilles de vin; 50 bottes de foin; 18 livres de foin; 7 fr. couvert d'officiers.

Magdelin Jean, 48 fr. 15 pour un quart d'orge; 5 1/4 froment; 90 bottes de foin; 20 livres de pain; 11 fr. couvert d'officiers.

Maupetit Louis, aîné 222 fr. 15 pour 20 boisseaux de froment; 9 boiss. d'orge; 2 boiss. d'avoine; 77 bottes de foin; 18 livres de pain; 34 fr. 55 couvert d'officiers; 20 fr. pour pillage.

Maupetit Claude Valentin, 247 fr. 40 pour 6 boiss. 1/2 froment; 14 boisseaux d'orge; 1 taureau de 136 livres; 50 bottes de foin; 22 livres de pain; 45 fr. couvert d'officiers; 20 fr. de pillage.

Naudot Marie-Anne 178 fr. 70 pour 6 boisseaux de froment; 6 boiss. d'orge; 14 boiss. d'avoine; 75 livres de bœuf; 25 bottes de foin; 21 livres de pain; 25 fr. aux officiers.

Niaudot Claude, la veuve 6 fr. 65 pour 6 fr. 65 aux officiers.

Niez Jean, 27 fr. 10 pour 1 boisseau d'orge; 50 bottes de foin; 18 livres de pain; 7 fr. 20 aux officiers.

Nicard Charles, 14 fr. 75 pour 14 fr. 75 aux officiers.

Petit Léonard 91 fr. 05 pour 2 milliers et 75 bottes de foin; 20 livres de pain; 6 fr. 75 couvert d'officiers.

Poulin Jean, 11 fr. 85 pour 1 boisseau de froment; 1 boisseau d'orge; 3 fr. aux officiers.

Prodet Jean, 1 fr. 20 pour 1 fr. 20 couvert officier Poulin Pierre, 16 fr. 50 pour 2 boiss. 1/2 de mouture; 9 livres de pain; 5 fr. aux officiers.

Petit François 117 fr.55 pour 3 boisseaux froment; 3 boiss. d'orge; 6 boiss. d'avoine; 60 livres de taure; 1 millier de foin; 28 fr. couvert d'officiers.

Peincault Jean-Baptiste, 19 fr. 50 pour un quart de froment; 2 boisseau de méteil; 1 boiss. d'orge; 5 fr. couvert d'officiers.

Rouez Pierre 9 fr. 20 pour 2 boisseaux d'orge; 3 fr. couvert d'officiers.

Rouez Jean 12 fr. 90 pour un quart de froment; 10 fr. couvert d'officiers.

Rougemont Claude, 42 fr. 10 pour 1 boisseau de froment; 2 boiss. un quart d'orge; 40 livres de vache; 29 bottes de foin; 18 livres de pain; 7 fr. 29 aux officiers.

Roumieux Félix, Jean Guimieux 480 fr. 45 pour 15 boisseaux de froment; 15 boiss. d'orge; 5 boiss. d'avoine; 1 taureau de 508 livres; 1 millier et 50 bottes de foin; 20 livres de pain; 50 fr. couvert d'officiers; 40 fr. de pillage.

Rousseau Pierrette, 1 fr. 50 couvert d'officiers.

Soleil Edme, 33 fr. 40 pour 4 boisseaux d'orge; 3 boiss. d'avoine; 25 bottes de foin; 9 fr. couvert d'officiers.

Seutein Pierre, 120 fr. 95 pour trois quarts d'orge; 250 livres taureau; 24 bottes de foin; 20 livres de pain; 6 fr. 75 couvert d'officiers.

Thomas Jean, 31 fr. 50 pour 1 boisseau de froment; un quart de mouture, 6 boisseaux d'orge; 10 livres de pain; 6 fr. 15 couverts d'officiers.

Trotet Marite, 10 fr. pour couvert d'officiers.

Trotet François, 35 fr. 65 pour 4 boisseaux de froment; trois quarts d'orge; 20 livres de pain; 6 fr. couvert d'officiers.

Trotet Léonard 4 fr. 80 pour 6 livres de sel; 10 livres de pain; 2 fr. couvert d'officiers.

Thépénier Pierre 67 fr. 85 pour 4 boisseaux de froment; 4 boiss. d'orge; 84 bottes de foin; 7 livres de pain; 5 fr. 75 couvert d'officiers.

Thomas Louis 88 fr. pour une vache de 270 livres; 2 fr. couvert d'officiers; 30 fr. de pillage.

Thépénier Louis 47 fr. 20 pour 2 boiss 1/4 de froment; 2 boiss. 1/4 d'orge; 40 livres de taureau; 9 fr. couvert d'officier.

Tramecon Paul 51 fr. 45 pour 2 boisseaux de froment; 2 boiss. d'orge; 34 fr. pour couvert.

Trotet Guillaume, 96 fr. pour 1 vache de 320 livres.

Trotet Guillaume, 250 fr. 85 pour 3 boisseaux de froment; 6 boiss. d'orge; 140 livres de taureau; 90 bouteilles de vin; 133 fr. couvert d'officier.

Thibaudat, Vve Dagonneau, 30 fr. pour 10 fr. couvert d'officiers; 20 fr. de pillage.

Trotet Marite, le jeune, 86 fr. ? ?

Vallot Claude 67 fr. 35 pour 1 boisseau de froment; 1 boisseau d'orge; 2 boiss. d'avoine; 20 livres de pain; 16 fr. pour couvert.

Vannier Vincent et M. Jolly 341 fr. 83 pour 7 boisseaux de froment; 7 boiss. d'orge; 27 boiss. d'avoine; 300 livres de bœuf; 2 milliers et 20 bottes de foin; 63 fr. 35 couvert d'officiers.

Vannier Vincent, l'aîné, 98 fr. 70 pour 2 boiss. de froment; 2 boiss. d'orge; 2 boiss. d'avoine; 18 fr. couvert d'officiers; 60 fr. de pillage.

Vannier Claude, 84 fr. 10 pour 3 boiss 1/4 de froment; 4 boiss. d'orge; 1 millier de foin; 21 fr. 54 aux officiers.

Vannier Vincent, le jeune, 46 fr. 70 pour un quart de froment; 2 boiss. d'orge; 7 boiss. d'avoine; 62 bottes de foin; 8 fr. 50 aux officiers.

Vallot Jean, 27 fr. 40 pour 1 boisseau d'orge; 75 bottes de foin; 18 livres de pain.

Vallot Jean, l'aîné, 216 fr. 40 pour 14 boiss. d'orge; 13 boiss. d'avoine; 75 livres de vache; 28 bottes de foin; 30 fr. de pillage.

Le total des fournitures s'élève à quinze mille six cent cinquante six francs trente cinq centimes et celui des pillages à mille cent quatre vingt neuf francs.

Cet état ne correspond pas avec celui qui fut dressé le neuf septembre mil huit cent seize, ce dernier mentionne la nature des fournitures sans faire connaître le nom des réquisitionnés, par lui, on sait que la commune de Montenoison a fourni : « 92 boisseaux de froment, 10 boisseaux de métal; 140 boisseaux 3/4 d'orge; 158 boisseaux d'avoine; 1050 livres de bœuf; 2180 livres de vache; 1608 livres de taures ou taureau; 20 livres de mouton; une demi-pièce de vin; 230 bouteilles de vin; 32 milliers et 60 bottes de foin; 254 livres de 1202 fr. 08 pour couvert d'officiers ».

L'état du 25 mars 1817 est : « certifié sincère par les membres du conseil municipal, maire de la commune de Montenoison et percepteur des contributions de la dite commune. »

Le percepteur Joly. n'a pas cru devoir signer cette déclaration de sincérité, mais faire suivre la déclaration du maire, de la mention suivante : « Le percepteur soussigné certifie l'exactitude du calcul des colonnes seulement. »

Dans la colonne observations on lit la mention suivante : « On observe à M. le Préfet que les boisseaux énoncés au présent tableau étaient des boisseaux mesure de Prémery dont chacun pèse cinquante livres c'est-à-dire vingt livres plus que le double décalitre ce qui constitue la différence que vous trouverez entre le nouveau tableau que j'ai l'honneur de vous adresser et celui-ci. »

(A cette époque le froment valait 3 fr. 70 le double décalitre ; l'orge 2 fr. le seigle 2 fr. 70 ; la mouture 2 fr. 30 ; l'avoine 1 fr. ; le foin 0 fr. 30 la botte ; la paille 0 fr. 15 ; le bœuf 0 fr. 40 la livre ; la vache 0 fr. 30 ; le mouton 0 fr. 40 ; le vin, 0 fr. 50.

GUERRE 1914-1918

Un siècle plus tard, la France subissait une nouvelle invasion, le tiers de ses départements étaient systématiquement dévastés par un ennemi pourvu depuis longtemps d'un matériel perfectionné lui permettant d'assouvir sa haine contre « l'ennemi héréditaire ».

Au mois d'août 1914, elle appelait tous ses enfants sous les armes. Pendant quatre années de terribles souffrances, ses mobilisés tinrent tête à l'ennemi et avec l'aide de leurs alliés, finirent par le repousser.

La France sortit victorieuse de cette lutte mais au prix de sanglants sacrifices. Cette guerre mondiale sera-t-elle la dernière ? S'il y avait un peu de sagesse dans le monde, et moins d'égoïsme, les paroles du Christ : « Aimez-vous les uns les autres », pourraient être appliquées et nos enfants délivrés à tout jamais de la guerre. Mais à côté des hommes de bonne volonté, il y a les puissants ennemis de la paix, les profiteurs.

La guerre n'est pas nécessaire et n'est pas une école de vertu. Guerre à la guerre.

Victimes de la Guerre 1914-1918

CHARTON Gilbert, 10e R. I., tué à Leskovat
DAMERON Gustave, 153e R. I.
DAUTEL Camille, 285e R. I.
FLEURY Abel, 10e R. I.
GAUDRY Etienne, Officier d'administration
GRIMAL Augustin, 85e R. I.
HERAULT Joachim, 95e R. I.
HERAULT Pierre, 41e Bo de chasseurs à pied.
LAVERDET Edmond, 79e R. I.
LUTZ Augustin, 66e R. I.
MICHOT Antoine, 14e R. I.
MONIN Maritte, 21e R. I.
PAPOUGNOT Pierre, 109e R. I.
TARNIER Jean, 8e R. A. C.
THEPENIER François, 3e Zouaves.
THIBAUDAT Lucien, 4e R. I.
TRUFLEY Louis, 13e R. I.

Le dernier seigneur de Montenoison

Qu'était-il advenu du dernier seigneur de Montenoison le duc de Nivernais Mazarini Mancini, ancien ambassadeur, ministre d'Etat, membre de l'Académie française « et par-dessus tout honnête homme et homme d'esprit appartenant à la minorité libérale de la noblesse française qui consentait aux réformes et les provoquait même pour éviter une révolution. » (Labot).

Il était arrêté le 13 septembre 1793, il avait alors près de 80 ans et enfermé dans la prison de Carmes. Le 27 septembre 1793, Chaumette proposa à la commune de Paris de le faire condamner à garder la prison jusqu'à ce qu'il « ait restitué à la veuve et à l'orphelin toutes ses concessions. »

Le duc fut libéré au mois d'août 1794. « En rentrant dans son hôtel, il le trouvait dévasté et n'avait plus ni un meuble ni un habit. Il n'était plus monseigneur le duc de Nivernais, simplement le citoyen Mancini, ayant perdu 300.000 livres de rentes, son beau château ducal de Nevers, ses forêts d'Entrains et de Donzy, heureux d'avoir conservé sa tête. Il lui restait de l'esprit pour se consoler de sa grandeur passée en faisant des chansons.

J'ai vu de près la guillotine
Mon sort avait méchante mine
Et j'en avais quelque souci
Ah! povero Mancini!

J'ai perdu ma fortune entière
Ou, s'il m'en reste, ce n'est guère;
Je suis mal mis et mal nourri,
Ah! povero Mancini

Je touche à la décrépitude
C'est une triste certitude
Qu'il faut bientôt partir d'ici
Ah! povero Mancini » (Labot)

Le duc de Nivernais n'émigra pas et mourut à Paris le 20 Février 1798, à l'âge de 82 ans. Il n'habita jamais son duché.

« Après sa mort, on publia deux volumes d'œuvres posthumes ou se lit notamment le billet qu'il dicta six heures avant de mourir, pour dissuader son médecin Caille d'appeler des confrères en consultation.

Hippocrate ne viendrait pas,
Et peut-être dame Nature
A déjà décidé mon cas.
Ah du moins sans changer d'allure
Je veux mourir entre vos bras.

Dans tous ces écrits du gentilhomme, prose et vers, il ne se rencontre ni une ligne, ni un mot qui puisse donner à penser que les excès de 1793 avaient ébranlé la foi de M. le duc de Nivernais dans les bons et solides principes de 1789.

(Labot).

Prémery, le 30 Septembre 1921,

G. MOUGNOT,

Instituteur en retraite D. A.

IMP. H. PONTAL, COSNE

www.ingramcontent.com/pod-product-compliance
Ingram Content Group UK Ltd.
Pitfield, Milton Keynes, MK11 3LW, UK
UKHW022113260726
13993UKWH00001B/491

9 782329 205236